안토니오 그람시
비범한 헤게모니

Antonio Gramsci by Steve Jones
Routledge Critical Thinkers

안토니오 그람시
비범한 헤게모니

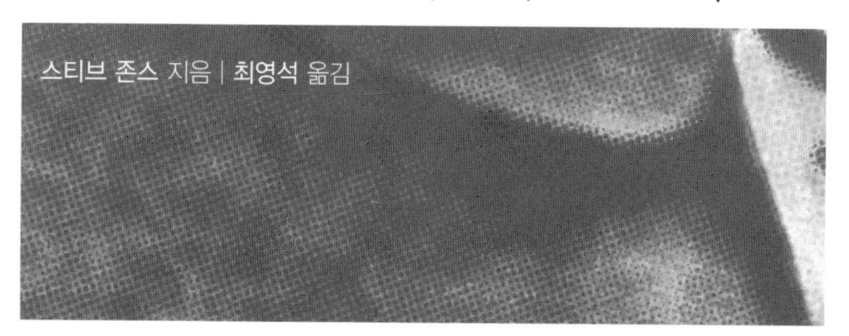

스티브 존스 지음 | 최영석 옮김

앨피

Antonio Gramsci

제 6 장 지식인

제 7 장 위기

제 8 장 미국주의와 포드주의

그람시 이후

그람시의 모든 것

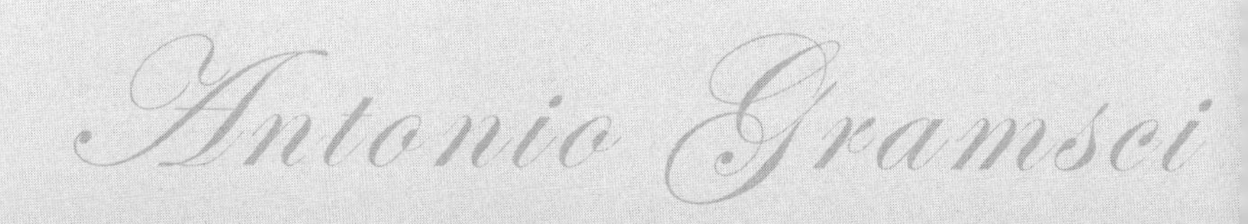

■ **일러두기**

본문에 인용된 그람시 저작의 약어 표기와 자세한 서지 사항은 책 뒤 〈그람시의 모든 것〉 참조. 단, 본문 괄호 안에 표기된 쪽수는 원서대로 영어 번역본 쪽수이며 〔 〕 안은 국역본 쪽수임. 관련된 다른 사상가들의 저작은 〈참고문헌〉 참조.

원어 표기 인명이나 지명은 외래어 표기용례를 따랐다. 단, 널리 알려진 이름이나 표기가 굳어진 명칭은 그대로 사용했다. 본문에서 주요 인물(생몰연대)이나 도서, 영화 등의 원어명은 맨 처음, 주요하게 언급될 때 병기했다.

출처 표시 주요 인용구 뒤에는 괄호를 두어 간략한 출처를 표시했다. 상세한 서지 사항은 책 뒤 〈참고문헌〉 참조.

도서 제목 도서 제목 본문에 나오는 도서 제목은 원 제목을 번역 표기하는 것을 원칙으로 하되, 국내에 번역 출간된 도서는 가능한 한 그 제목을 따랐다.

옮긴이 주 본문의 주석은 모두 옮긴이의 것이다. 본문 중간에 들어가는 옮긴이 주는 〔 〕로 별도 표기했다.

왜 그람시인가?

Antonio Gramsci

상식

이 책을 안토니오 그람시의 사유에 대한 뻔한 설명으로 시작할 수도 있겠지만, 나는 독자들이 그람시의 분석 방법을 활용해 '왜 그람시인가'라는 질문을 스스로에게 던져 보도록 하고 싶다. 물론 그람시 본인에게는 그의 방법론에 근거해 문화를 분석하는 일이 아주 낯설게 느껴질 테지만 말이다.

먼저 시청자가 참여하는 방송 프로그램을 하나 골라 보자(누구나 자유롭게 의견을 내놓게 하거나 시청자 연결을 시도하는 프로그램을 찾으면 된다. 쟁점을 놓고 전문가 패널과 일반인들이 이야기를 나누는 프로그램들을 떠올려 보자). 웹사이트 게시판, 라디오 전화 연결, TV 토론 프로그램, 기자가 길거리에서 시민을 인터뷰하는 뉴스 꼭지도 나쁘지 않다. 아마 우리가 떠올리는 프로그램은 보통 외교정책이나 보건정책 등의 정치문제를 다루는 프로겠지만, 비만 문제나 인간관계 상담, 스포츠 프로그램의 청취자 연결처럼 개인적이거나 일상적인 내용을 다루는 것이어도 상관없다. 이 프로그램들에 등장하는 목소리들은 다양하고 이질적이지만 프로그램 제작자, 참여자, 시청자는 모두 특정한 가치를 공유한다. 서로 다른 의견은 그 자체로 존중되어야 하며, 방송 매체는 중립적이라는 믿음이다. 이 가치가 협상되는 여러 방식은 서로 다른 사회 및 정치집단 사이에서 계속 생성·유지되는 평형상태를 잘 보여 준다.

이런 프로그램의 네 가지 측면에 주목해 보길 바란다. 첫째, 그 맥락이 무엇인가? 다른 때가 아니라 왜 하필 이 시점에 방송하는 것일까? 뉴스 가치가 있는 사건의 발생, 잘 알려진 사람의 특정 발언 등이 해당 방송의 동기가 되는 경우도 많다. 그 프로그램은 최근에 일어난 어떤 사건 때문에 제작된 것인가, 아니면 부모의 권위가 약해지거나 결혼 제도가 흔들리는 현상처럼 더 넓은 '환경'의 변화로 인해 나온 것인가? 둘째, 그 논의에서 여론의 큰 지지를 받을 '합리적 중심'은 무엇인가? 참여자 대부분이 문제 삼지 않거나 확실하게 지지하는 상식적인 가정이 존재하는가? 사람들의 비난을 받아 결국 입을 다물게 되는 위치나, 전혀 언급되지 않는 의견이 있지는 않은가? 무엇에 기대어 토론을 마무리짓는가?

세 번째로 눈여겨봐야 할 것은 토론에 참여하는 전문가의 역할이다. 전문가를 한 명만 내보내는가, 다른 의견을 가진 여러 전문가를 등장시켜 다양성과 이질성이라는 원칙을 강조하려고 하는가? 진행자는 대립하는 입장들을 중재하거나 그중에서 선택할 수 있는가? 진행자가 전문가 역할을 겸하는가? 전문가는 비전문가가 따라야만 하는 권위를 갖는가, 아니면 상식과 동떨어졌다는 비난을 받아 침묵하게 되는가? (나는 라디오 토론을 들으면서 이 글을 썼다. 여기 출연한 어느 범죄학자는, 영국의 범죄율 증가가 새로 만들어진 강경한 경찰 수칙을 정당화하지는 못한다고 주장하다가 그만 이 불행한 역할을 떠맡아야 했다.)

네 번째는 토론이 공간적으로 사물에 의미를 부여하는 방식이다. 해당 프로그램이 어떤 국가 이미지를 형성하는가? (이주자들의 위협에 시달리는 국가, 드러누워 TV만 보는 국민들의 나라 등등) 혹은 더 좁은 지역 공간을 상정하는가? (물론 지역방송 프로그램에 그런 경우가 많겠으나 일반적인 스포츠, 직업, 보건이나 식량정책에 관한 토론에서 강력한 지역정서가 돌출되는 경우도 있다.) 토론 참여자들이 국가의 경계를 넘어서 사고하도록 유도하는 토론도 있을까? 즉, 다른 참여자들도 훌륭한 유럽인, 세계시민, 세계적 종교 신자의 정체성을 선뜻 받아들이도록 이끄는 토론도 있을까?

이 문제들에 주의 깊게 답하면서 참여형 미디어를 분석해 보자. 주의를 기울일 만한 다른 문제는 없는가?

| 권력에 대한 그람시의 미묘한 설명 |

프로그램들의 모티프나 관습을 쉽게 파악했다손 치더라도, 해당 토론이 결국 누구에게 이득을 주는지 따져 보는 일이 남는다. 가장 어려운 부분이다. 해당 토론이 소위 '지배적인' 가치를 재생산하는가?(독자들은 자기가 속한 사회의 지배적 가치가 무엇인지를 자문할 것이다) 혹은 지배적 가치에 도전하는가?(일반인 출연자들이 사회정치적 지배층을 비판해서 보통의 권력 작동 방식을 뒤집으려고 할 때가 떠오를 것이다) 둘 다 아니거나(개인사에 치중하는 프로그램이라면 그럴 것이다), 둘 다일 때도 있을까?(겉보기에는 대립하는 가치들이 부딪히면서 상쇄되는 경우) 아니면 권력은 방송을 기획하고 만드는 사람들, 승인하고 방송 일자를 정하는 권한을 가진 이들, 방송매체를 심의하고 허가해서 통제하는 정부 등 프로그램 바깥에 있는가?

소니아 리빙스턴Sonia Livingstone과 피터 런트Peter Lunt의 텔레비전 토크쇼 연구(1994)는 이 질문에 간단하게 답하기가 어렵다는 사실을 잘 보여 준다. 토론 프로그램은 정부를 대신하거나 정부를 비판하는 전통적인 역할 말고도 이제 세 가지 추가 역할을 수행한다.

> 토론 프로그램은 의견, 경험, 정보, 그리고 비판을 엘리트에게 전달하면서 정부와 전문가 모두에게 시민의 대변자 역할을 할 수 있다. 또, 간접적인 경로로 접하는 정보에 만족하지 못한 대중이 정치인과 전문가들에게 직접 설명을 요구하는 역할도 할 수 있다. 토론 프로그램은 대중, 즉 스튜디오 관객과 집에서 방송을 접하는 시청자 모두를 위한 사회적 공간을 마련할 수 있으며, 그래서 일상에서 나온 경험이나 의견에 새롭고 강력한 정당성을 부여한다 (Livingstone and Lunt 1994: 5).

이 장의 제목이 던진 '왜 그람시인가?'라는 질문에 대한 답은 권력의 그물망을 복합적이고 중층적으로 이해해야만 비로소 마련된다. 안토니오 그람시Antonio Gramsci(1891~1937)는 사회권력을 지배 아니면 종속이나 저항이라는 단순한 문제로 보지 않았다. 민주주의사회의 '지배' 집단(정확하게 말하자면 지배 동맹, 연합, 블록)은 대개 자신들의 의사를 관철한다기보다 지배받는 이들의 상당한 동의를 받아 통치하며, 지배하는 자와 지배받는 자 사이의 관계를 끊임없이 재배치하면서 지배를 유지한다. 권력을 유지하려면 지배권력은 새로운 환경과 피지배자들의 변화무쌍한 욕구에 대응할 만큼 유연해야 한다. 피지배층의 이익과 욕구가 자유롭게 표현된 결과처럼 보이도록 권력을 행사하여 그들의 마음과 삶에 가 닿아야 한다. 이 과정에서 지배 연합은 피지배층이 중요시하는 가치를 어느 정도는 받아들여야 할 테고, 거기에 맞춰 자신들의 목표나 우선순위를 조정하게 된다.

그람시는 권력이 한 번에 완전히 획득 가능한 것이라고 보지 않았다. 권력은 끊임없이 움직인다. 심지어 지배계급 혹은 지배 집단이 더 이상 동의를 얻어 내지 못하는 순간이 와도, 권력은 계속 진행 중인 과정이고 활동이다. 이 과정에서 사회에는 지배층의 욕구와 피지배층의 요구가 맞닿는 경계를 단속하려는 시도들이 넘쳐나게 된다. 그람시의 남다른 권력 이해는 권력이 피지배층들 덕분에 '상식'의 형태로 생생하게 작동한다는 탁견에서 잘 드러난다(앞에서 토론 프로그램을 살펴보라고 권한 것도 이 때문이다. 흔히 토론 방송은 상식을 중요시한다). 영국의 문화이론가

레이먼드 윌리엄스Raymond Williams는 그람시가 '상식'을 이해한 방식이야말로 이데올로기를 사람들에게 강요된 가짜라고 치부하는 단순한 비판을 뛰어넘는 큰 진전이라고 평가했다.

> 그람시의 분석은 진정으로 총체적인 어떤 것, … 사회에 깊숙하게 자리잡고 널리 퍼져 있으며, 대부분의 사람들이 그 영향 아래에 있는 상식의 실체와 한계를 구성하고, (그들의) 사회적 경험의 현실과 상응하는 어떤 것을 가정한다. … 이데올로기가 그저 추상적인 주어진 개념들의 집합에 지나지 않는다면, 혹은 우리의 사회, 정치, 문화적 견해와 가정과 관습들이 단순히 특수한 조작, 다시 말해 쉽게 끝내거나 취소할 수 있는 명백한 훈련의 결과라면, 사회는 아주 쉽게 예전이나 현재의 관행에서 탈피하거나 변화할 것이다 (Williams 1980: 37).

집단들 사이의 협상은 의회, 가족, 직장, 학교, 대학, 병원 등 여러 영역에 걸쳐 나타나지만, 윌리엄스에 따르면 문화에서도 마찬가지다. 그람시는 문화가 더 심층에 자리한 경제 관계의 표출에 불과하다고 보지 않은 최초의 마르크스주의 이론가 중 하나다. (마르크스주의에 대해서는 핵심 개념 2에서 더 자세히 다룰 것이다.) 경제 관계를 지나치게 강조하는 '통속적' 문화 비판과는 거리를 두었기 때문에 그람시의 작업은 젠더, '인종', 성, 종교, 환경 등 여타 사회문화적 관계 형태들이 정당한 분석 대상으로 등장할 가능성을 열어 놓는다. 그러나 그 가능성이 단지 계급 문제를 버려서 생기는 것은 아니다. 그람시는 중요한 사회 변화라 할지라도 노동계급의 상황을 근본적으로 바꾸지 않는다면 그것은 변화라고 할 수 없다고 보았다.

그람시는 경제가 문화와 정치를 결정한다고 보지 않았다. 문화, 정치 및 경제는 상호교환 관계를 맺고 있으며, 끊임없이 순환하고 변화하는 영향의 네트워크라는 것이다. 바로 이 과정을 그는 헤게모니라고 칭했다. 이 책의 가장 중요한 목표 중 하나는 헤게모니가 어떻게 지배와 근본적으로 다른지를 보여 주는 것이다. 헤게모니를 역동적인 과정으로 이해하는 문화 연구자라면 어떤 텍스트를 주위 환경과 분리하여 다루지 않을 것이다. 그렇다면 시청자 참여 프로그램을 하나 분석해 보라는 이야기는 다소 부적절한 일일지도 모른다. 어떤 설명도 권력의 연쇄작용을 한 번에 포착할 수는 없기 때문이다. 실제로 그람시는 이를 가리켜 언제나 "생성 과정에 있기" 때문에 분명하게 정의 내릴 수 없는 것이라고 했다(1995 : 312). "이미지들 사이의 관계를, 이미지들이 결합하면서 나타나는 효과와 설득 방식들을 고려하기 시작하면 당면 문제에 더 가까이 접근하게 된다"는 콜린 머서Colin Mercer의 말에서 보듯이(Mercer 1984: 5), 텍스트와 이미지에 관한 연구는 가치 있는 일이다.

우리는 이미지 자체와 어느 때든 작동해 온 수많은 문화제도들 간의 관계를 따져 볼 필요가 있다. 그람시적 분석은 텍스트가 홀로 존재할 수 있다는 선입견을 없애 주는 한편, 서로 협력하거나 충돌하는 여러 문화 생산 요인들과 텍스트가 연결되어 있다는 사실을 깨닫게 해 준다. 예를 들어, 영화 한 편을 충분히 설명하려면 영화를 만든 제작사는 물론이고 그 시기의 검열, 비평, 대중적 취향의 역할까지 논해야 할 것이다. 신문 기사 하나를 놓고서도 당시 언론사의 소유 구조, 독자 대중의 구성, 언론을 감독하는 정부의 역할, 기업 감시 단체의 활동 등을 고려해야 한다. 다음 절에서는 사례 분석 하나를 짧게 다루어 보겠다. 권력과 의미의 그물망이 특정한 한 사건을 두고 어떻게 밀접하게 얽히는지, 그리고 이것이 그람시의 이론적 주요 관심사와 어떻게 연결되는지가 잘 드러날 것이다.

사례 분석: 성 조지의 날

2004년 4월에 BBC 라디오, TV, 인터넷 등 다양한 시청자 참여 프로그램들이 성 조지의 날St George's Day 논란을 다루었다. 성 조지의 날은 잉글랜드의 수호성인을 기리는 날이기도 하지만, 영국의 정체성과 역사를 기념하는 날이기도 하다. '기념'한다는 말에는 조금 오해의 소지가 있다. 이날을 기념하는 영국인은 사실 얼마 되지 않는다. 그 날짜를 정확하게 알고 있는 사람도 드물고, 4월 23일은 휴일도 아니다. BBC가 이날에 주목한 것은 성 조지의 날을 공휴일로 지정해야 한다는 노동당 의원 톰 왓슨의 주장이 여론의 호응을 얻었기 때문이다. 왓슨은 성 조지의 날을 국경일로 정하도록 촉구하는 동의안을 의회에 제출하고, 자신의 지역구인 샌드웰에서 이날 아주 영국다운 축제가 열린다고 자랑했다. 그의 발언은 이 사안과 관련된 두 가지 정치적 쟁점을 촉발했다. 첫째, 런던 중심의 중앙집권화된 정부 권력은 이미 웨일스·스코틀랜드·북아일랜드 지방의회로 이전되었다. 둘째, 당시 잉글랜드 지방정부에서는 극우 파시스트 정당인 브리튼국민당British National Party; BNP이 점차 득세하고 있었다.

왓슨은 첫 번째 이슈에 이렇게 접근했다. 영국에 속한 여타 지방들은 각자 자신들의 상징에 자부심이 있고, 성 조지의 날을 기념하는 것은 잉글랜드보다 더 성숙한 이웃들과 보조를 맞추려는 시도일 뿐이다. "(스코틀랜드나 웨일스에서는) 이제 엉겅퀴 같은 상징을 여러 정당들이 맘껏 사용하고 있습니다. 그러나 잉글랜드에서는 그런 상징을 쓰려고 하면 다들 의심하는 눈길을 보냅니다. 우리는 성 조지의 깃발을 부끄러워할 필요가 없습니다"(Moss 2004: 7). 왓슨의 말이 잘 이해되지 않을 수 있다. 왜 잉글랜드인들이 그들의 깃발을 꺼림칙하게 여긴다는 것일까?

그 답은 성 조지의 날과 브리튼국민당을 떼어 놓으려는 시도들에서 찾아볼 수 있다. 한 해 전, 브리튼국민당은 샌드웰에서 당국의 개입 없이 열리던 기념 행진에 참가했다. 이후 축제를 공식 행사로 만들면서 샌드웰 지방의회는 브리튼국민당을 눈에 띄지 않게 하려고 애를 썼고, 결국 브리튼국민당은 축제를 보이콧했다. 의회는 사회 주류가 참여하는 행사와 예전의 비공식 행사를 차별화하는 데에 성공했다. 샌드웰 시장은 성 조지의 날 행사에 참가하는 사람들을 이렇게 묘사했다. "극우는 이 깃발, 그리고 영국다운 것이 보통 사람들, 품위 있는 사람들의 것이 아니라 자기들 것인 양 선전하려고 한다. … 그러나 우리는 반인종차별주의로, 대립이 아닌 포용으로 성 조지의 날을 축하할 방법을 찾고 있다."(위의 글) 여기서 '포용'은 백인이 아닌 사람들의 존재를 넌지시 암시한다. 드러내놓고 말하진 않았지만, 시장은 영국인임을 자칭하거나 잉글랜드의 상징을 자랑스러워하는 것이 한때 백인들만의 권리였음을 잘 알고 있었다.

샌드웰 시장의 말에는 교묘한 수사적 속임수가 숨어 있다. '우리'라는 말을 특정한 해석(우리, 백인종 영국인)에서 다른 해석(우리, 보통의, 품위 있는, 다인종 영국인)으로 전환시킨 것이다. 영국적인 것을 대표하려는 브리튼국민당의 시도가 아주 부분적이고 주변적이라는 것을 보여 줌으로써 그들이 설 곳을 없애려는 시도다. 영국적인 것의 기반을 이동시키려는 이 시도에 사용된 수사는 그람시가 말한 국민-대중national-popular 개념으로 살펴볼 수 있다.

그람시는 현존하는 문화 요소들과 접점을 마련하는 것이 헤게모니 전략에서 매우 중요한 부분이라고 보았다. 국가 상징과 자기 정체성을 일치시키는 영국인들이 늘어난 현상은 그 좋은 예라 할 수 있다. 그렇게 되지 않는다면, 다시 말해 깊게 뿌리내린 문화를 거부하고 완전히 새로운 문화를 강요한다면, 사람들의 문화와 그들의 정치적 대표성political representatives 사이의 괴리가 드러날 것이다. 이 괴리가 메꿔지지 않는다면 위기crisis가 발생한다. 이 위험한 상황에서는 (브리튼국민당 같은) 다른 세력이 끼어들 공간이 생기고, 이들이 더 쉽게 대중의 이해를 대변할 '다른 배치'를 꾀할 수 있다. 그람시는 위기를 겪지 않고서는 그런 일이 생기기 어렵다는 것을 잘 알고 있었다. 대중의 '도덕적 지적 세계'는 '퇴보하거나 인습적'일 때가 많고, 진보 정치의 과업은 대중 의식의 반동적 특성과 진보적 가능성을 섬세하게 구분하는 것이다. 다양성을 기리는 성 조지의 날 행진은 국민문화의 반동적·인종주의적 조류를 거부하면서 영국의 관용적 전통을 지지하려는 시도다.

이 시도가 효과를 발휘하려면 정치와는 독립된 것으로 보이는 문화 기구나 실천에 단단히 뿌리내려야 한다. 그람시는 시민사회civil society를 논하면서 이 현상을 다루었다. 영국 시민사회에서 가장 오랫동안 영향력을 발휘한 문화 기구는 BBC이다. BBC 웹사이트(BBC 2004a; 2004b)에는 영국적인 것이란 무엇인지를 묻는 포스팅이 여럿 올라왔고, 샌드웰 시장이 말한 보통, 품위 등의 테마가 계속 등장했다. 대부분의 사람들이 이민자 혐오는 영국적인 것과 거리가 멀다는 데에 동의했다.

"나는 켄트에서 태어난 백인이고 영국인인 것이 자랑스럽다. 전통은 중요하지만 이민 그 자체가 부정적으로 취급되어서는 안 된다." 이민은 유구한 영국의 전통이라고 지적하는 사람들도 많았다. "이민자들을 욕하지 마라. 이 섬나라 사람들은 언제나 코스모폴리탄이었다. 로마인, 바이킹, 노르만, 색슨, 인도인, 아프리카계 카리브해인 … 끝도 없다", "진짜 영국인은 원래부터 혼혈이야. 우리는 우리 문화의 다양성을 기뻐해야 한다고", "영국인이라는 건 지구에서 가장 다양한 문화를 가진 나라에 속한다는 거야." 그 근거로 아일랜드 국경일인 성 패트릭의 날을 즐기는 영국인들이 많다는 사실을 드는 사람도 많았다. ("모두 성 패트릭의 날을 알잖아? 그 사람들도 그날을 기념해야지. 그게 공평한 거고", "나는 춘절과 성 패트릭의 날을 모두 즐기는 런던 사람이야.") 영국과 아일랜드가 오랫동안 피 튀기는 투쟁을 벌였는데도 기꺼이 다른 나라의 축제를 즐긴다는 것은 영국의 페어플레이 정신을 이야기할 근거가 된다. 영국의 기념일을 기리는 것은 똑같이 '공평'한 일이다.

그렇지만 이런 합리화에는 두 개의 유령이 따라붙는다. 영국에 잠깐이라도 거주해 본 사람이라면 영국인들이 다른 나라 사람들보다 더 공정하거나 관용적이지 않다는 사실을 잘 안다. (물론 영국인이 모두 불공정하고 불관용적이라는 뜻은 아니다.) 대중이 참여하는 여러 미디어에서 되풀이되는 불평은, 영국인들이 본래 타고난 관대함 덕분에 이주자들이 넘쳐난다는 것이다. BBC 웹사이트에 글을 올리는 이들이 말하는 국가적 품격 이미지에는 영국인이 관용적이지 않다는 인식이 발붙일 곳이 없다. 그 때문에 불관용은 또 다른 신화적 형상, 훌리건에게 투사된다. 훌리건은 품격과 공정함을 측정하게 해 주는 부정적 표준이다. 포스팅들을 살펴보면 불관용은 계급 문제와 밀접하게 맞닿아 있다. 어떤 이는 애국주의가 "축구장에서 '훌리건'들이 벌이는 멍청한 행동과 결합되어" 있고, "영국의 지적·문화적 다양성이라는 측면과 대립하는 겉핥기 식의 영국만을 내세운다"

고 썼다. “지난 수년간 폭도들은 우리 잉글랜드 깃발을 자기들 것처럼 마음대로 흔들었다”, “애국심이 넘치는 영국인의 이미지는, 슬프게도 술에 잔뜩 취한 훌리건이 되었다”고 보는 사람들도 많았다. 샌드웰의 시장이 포용이라는 비전을 내세운 방식과 비슷하게, 국가적인 ‘우리’의 구축은 비열하고 인종차별적인 ‘그들’을 격하시켜야 가능했다.

인종주의의 그림자보다 더 눈에 잘 띄는 유령은 정치적 공정성political correctness; PC이다. 파시스트 일당이 타자에 대한 특정한 이미지를 만들어 내는 반면에, PC에 대한 공격의 성격이나 방향은 그리 선명하지 못하다. 정치인들 전부에게 향할 때도 있고(“정치인들은 그런 기념 행위가 모두 국수적이고 인종차별적이고 정치적으로 불공정하다고 생각하게끔 만드는 것 같다”), 특정 정치인이나(런던 시장 켄 리빙스턴은 PC를 내세우면서 영국 태생 런던 시민도 자기 혈통에 자부심을 느낀다는 사실을 잊고 있다”), 공무원을 문제 삼을 때도 있으며(“정치적 공정성을 따지는 관료들이 우리가 영국인인 것을 창피하게 여기도록 만드는 걸 가만히 두고 보면 안 된다”), 막연한 풍토를 지적하기도 한다(“요즘 영국은 지나치게 정치적으로 공정해서 단순한 기념도 제대로 하지 못할 정도로 겁에 질려 있다”). 어떤 이들은 지나친 PC가 정치적 스펙트럼의 정반대편에 있는 이들이 저지르는 폭력에 면죄부를 준다고 말하기도 한다. (몇 년 동안 권력자들은 ‘반反영국적인’ 로비스트들의 압력에 넘어가 인종주의자들이나 폭도들이 영국 깃발을 차지하도록 내버려 두었다.”) 따라서 비판의 초점은 불명확하지만(그렇기 때문에 설득력을 발휘한다), PC는 영국 체제에 대한 사람들의 불만을 표출하는 효과적인 지점이다.

이 임의적이고 모순적인 모티프들—관용, 품격, 훌리건 거부, PC라는 유령—은 그람시가 말한 상식common sense에 기반한다. 상식의 구성은 혼란스럽다. 일부는 지배 블록이 유포하는 '공식' 개념에서, 일부는 사람들이 사회생활에서 겪는 실제 경험에서 유래한 것이기 때문이다. 비록 일정한 성질이 있는 것은 아니지만, 상식은 특정 방향으로 행동하게 만들면서 우리의 생각이 미치지 못하는 다른 행동 양식을 차단해 삶의 행로에 강력한 영향을 끼친다.

그러나 그람시는 상식을 어쩔 수 없이 받아들여야 한다고 주장하지는 않았다. 공식적·실제적 개념들은 지배권력에 어떻게 봉사하는지를 드러내고자 해체될 수 있다. 축구장의 훌리건들은 분명히 현실 속에 살아 있는 존재들이지만, 미디어가 철없는 무법자로, 영국 정치인들이 단호함을 과시할 대상으로 재현한 구성물이기도 하다. 도덕적 공포moral panics는 영국만이 아니라 여러 곳에서 주기적으로 등장하는 문화적 테마다. 그람시는 상식의 진보적 요소, 즉 상식에서 이끌어 낸 양식良識·good sense이 진보 정치의 기초를 형성할 수 있다고 보았다. PC를 적대시하는 태도는 음모론에 기댄 인종주의의 변형태라는 주장에 대부분 동의하겠지만, 사람들이 품은 불만은 어떤 개인이 아니라 관료주의로 향하기도 한다. 그람시는 이상주의자가 아니지만, 이 적개심을 포착하고 변형시킬 수 있다고 생각했다. 물론 그 결과는 개혁일 수도 있고, 반동일 수도 있다.

BBC는 대중의 태도를 보여 주는 스냅샷처럼 이 사건을 활용했고, 전문가들이 등장해 서로 다른 해석을 내놓았다. BBC 런던 웹사이트는 세 사람의 논평을 실었다. 런던 축제 조직 담당자는 영국인들이 (국민주의를 두려워한 탓으로) '탈문화화'에 젖어 있기 때문에 영국적인 것을 기념해야 한다고 주장했다. 《아이리시 포스트》 기자는 이 축제가 "자아도취적인 이벤트"이고 영국의 소수자를 무시한다고 썼다. 영국계 호주인 필자는 상상력을 동원해 영국의 대표적인 풍경과 소리를 나열한 목록을 제시했다. 뉴스 채널 파이브 라이브에 출연한 한 역사학자는 청취자들이 보낸 문자들에 답하면서 영국인의 가장 큰 특징은 자기비하적 유머 감각이라고 했다.

이 인물들은 그람시가 강조한 지식인intellectuals의 역할을 떠올리게 한다. 모든 사람이 지식인이라고도 했지만, 널리 알려져 있다시피 그람시는 소수의 사람들만이 지식인의 위상과 기능을 갖는다고 분명하게 밝힌 바 있다. 사회를 바라보는 그의 혁명적 시각에 따르면, 부상하는 계급에서 나타난 '유기적' 지식인이라는 새로운 존재는 그 계급의 상식에 포함된 진보적 요소들을 길어올린다. 이 행동하는 지식인의 반대편에 놓이는 '전통적' 지식인은 한때 떠오르는 계급과 유기적 관계를 맺고 있었으나 이제는 사회 현실과 유리되어 주변적인 처지로 떨어진 사람들이다. 계급 간의 경계는 유동적이나, 핵심적인 문화 매개자로서의 지식인의 역할은 엄연히 남아 있다. 웹사이트와 스튜디오의 전문가들은 그들이 아니면 제대로 형성되지 않았을 어떤 호름이 제 목소리를 내게 하며, 이에 따라 네트워크 관리자나 프로그램의 프로듀서, 웹디자이너들도 광대하게 뻗어 나가는 커뮤니케이션 산업의 영역 안에서 새로운 지식인으로 등장한다.

이 책의 나머지는 앞서 강조한 사항들을 담고 있다. 2장에서는 문화 문제를 다루면서 마르크스주의 전통에서의 의미와 그람시의 시민사회 및 국가 이론을 숙고한다. 3, 4, 5장에서는 그람시의 헤게모니 이론을 분석하고 이 이론이 문화 생산, 제도 및 실천에 어떻게 적용될 수 있는지를 논한다. 2장의 내용이 이 논의들의 기초를 이룬다. 6장에서는 헤게모니 전개 과정에서 지식인이 수행하는 역할을, 7장에서는 그람시의 위기 개념을 탐사한다. 8장에서는 유럽 국가 정체성 연구들이 내포하고 있는 문제, 즉 경제 및 문화 생활에 '미국화Americanization'가 끼친 영향을 추적한다. 마지막 장에서는 그람시의 이론이 어떻게 이용되었고 후대 연구자들이 그의 논의를 어떤 식으로 재구성했는지를 알아볼 것이다.

우선, 다음 1장에서 정치권력과 개인의 행위능력agency 문제에 관한 또 다른 사례연구를 진행할 것이다. 여기서 다룰 것은 바로 안토니오 그람시의 삶이다.

이데올로기적 지배는 타협의 과정이다

그람시의 주요한 지적 공헌은 지배와 복종/저항을 단순하게 대립시키는 시각에 도전한 것이다. 그는 헤게모니 개념을 내세워 이데올로기적 지배를 다르게 바라보았다. 이데올로기적 지배를 지배집단과 피지배집단 간의 거래, 협상, 타협의 과정으로 이해한 것이다. 국민-대중, 상식, 시민사회, 위기, 지식인의 형성 등은 헤게모니화 과정에서 중요한 개념이다. 다음 장들에서는 이 테마들을 발전시키고, 그람시의 사유가 더 넓은 지적·미학적·정치적 조류 안에서 어떤 위치에 놓이는지를 알아볼 것이다.

제 1 장

그람시의 정치적·지적 발전

Antonio Gramsci

그람시 이론은 지금의 문화를 탐구할 때 아주 유용하다. 그러나 현대의 문화양식과 실천 분석에 20세기 초반 마르크스주의자의 이론을 활용하는 것이 시대착오적으로 보일 수 있다. 프롤레타리아, 농민, 민속, 포드주의 등 그람시의 중점 분석 대상 중 상당수는 이제 그 중요성이 감소했거나 충분히 해명되었다. 또 재즈, 축구 등 그의 대중문화 분석은 과녁을 빗나간 적이 많았다. 그렇다면 그람시의 해석 방식도 그 당시에나 적합했고 이제는 시대에 뒤처진 것이 아닐까?

이 책의 나머지 부분에서는 그람시가 처했던 역사적·지리적인 '국면'이 아닌 대상에 왜, 어떤 방식으로 그람시 이론을 적용하는지를 다루었으나, 사실 그람시 본인은 그 같은 시도에 회의적이었다. 역사적 맥락 안에서 사건, 사유, 텍스트와 행위를 연구해야 한다고 강조했기 때문이다. 그는 정치적·지적 맥락 안에 제 삶을 위치시키는 것이 가장 긴급한 철학적 행위라고도 했다. "비판 작업의 출발점은 네 안에 무한한 흔적을 남긴 역사적 과정의 산물인 '자기 자신을 아는 것'이다"(1971: 324).

따라서 이 장에서는 그람시의 사유를 역사의 틀 안에 놓고,

그의 사유 형성을 이끈 '무한한 흔적'들을 탐사해 볼 것이다. 이 작업은 그람시 사상의 발전을 19세기 말에서 20세기 초기에 이르는 이탈리아와 유럽의 폭넓은 정치적 발전이라는 맥락에서 논의하는 일이자 정치적·지적 변화의 거대서사를 다루는 것이기도 하다. 그람시 자신도 잘 알았겠지만, 이때 일어난 광대한 변화가 그의 이론적 혁신을 완전히 결정지은 것은 아니다. 그는 그저 다른 사람들이 행한 작업의 결과물이 아니라 스스로 이룬 지적 행위의 주체였기 때문이다. 그러므로 그람시의 사유 발전을 이해하는 것은 모든 지적·문화적 형성 과정에 관여하는 비개인적 구조, 인간 행위능력, 우연적 사건(혹은 우연성) 사이의 상호작용을 이해하는 한 가지 방법이다.

이탈리아 통일운동과 변형주의

1891년 그람시가 태어났을 때의 이탈리아는 아직 신생 국가였다. 1861년까지 이탈리아 여러 지역에는 전통적인 왕국들과 외국 세력들이 난립했다. 일부는 근대적인 산업기반을 갖췄지만, 대부분은 겨우 생계를 이어 가는 가난한 농민들이 사는 대규모 영지로 이루어져 있었다. 19세기 유럽과 남아메리카 여러 나라에서처럼 일부 중간계급과 귀족들은 민족자결을 내걸고 후진성을 극복해 보려고 애썼다. 촉매가 될 만한 지역 봉기가 몇 차례 있었으나 독립을 향한 열망이 이탈리아 전체의 전면적인 민중

봉기로 이어지지는 않았다. 대신에 리소르지멘토Risorgimento라고 불리는 세 차례의 통일전쟁이 일어나 조금씩 통일을 앞당겼다.

불안한 협력 관계를 맺은 두 정파가 이탈리아 통일운동, 리소르지멘토를 이끌었다. 북부 피에몬테 왕국의 수상을 지낸 자유주의 성향의 카밀로 카보우르 백작(1810~61)이 대표하는 온건당과, 처음에는 주세페 마치니 나중에는 주세페 가리발디(1807~82)가 주도한 공화주의 행동당이 그 두 정파였다. 가리발디는 스페인 부르봉 가문의 지배를 받던 시칠리아와 나폴리를 해방시켜 이탈리아 통일운동의 가장 중요한 국면에서 결정적인 역할을 했다. 가리발디의 독자 행동에 놀란 카보우르는 남부 이탈리아에 피아몬테군을 급파했고, 두 연합 세력은 1861년에 이탈리아 통일을 선언했다. 이탈리아는 의회민주주의를 내세웠으나 '우익' 온건당과 '좌익' 행동당의 정책은 산업 근대화, 정치개혁, 제국주의 팽창에 이르기까지 상당히 비슷했다. 통일운동 과정에서 벌어진 파벌 갈등을 중앙 합의로 '변형시킨' 전례에 따라, 이후 변형주의Trasformismo[1]라고 불리는 시기의 이탈리아 정치는 다양한 좌우파 합작 형태를 띠게 된다.

---

[1] 정권의 주도 세력이 야권을 포섭하여 이들이 정권을 지지하게끔 변형시킨다는 의미. 정당정치와 시민사회에 기반한 안정적인 민주정치 체제가 결여된 상황에서 비공식적 후원과 거래에 기초해 정국을 운영하는 상황이나 체제를 가리킨다. 한국의 경우, 20세기 후반 '삼김정치'로 불리는 보스, 인맥, 지역 중심의 정치문화에서 여소야대를 극복하기 위한 인위적 정계개편 시도가 여러 차례 발생한 상황을 이탈리아 정치의 '변형주의'와 유사하다고 보기도 한다. 그람시는 《옥중수고》에서 역사적 지배 블록의 두 유형을 제시했는데, 민중의 의지가 담긴 '확장적 헤게모니'와 달리 '변형주의'는 지배집단이 반대 집단의 요소를 점진적으로 흡수하여 반대를 무력화시키고 지배 질서를 유지하는

그람시는 이탈리아 통일운동과 그 여파야말로 통치 권력이 완전한 민주적 참여로의 확장 없이 정치적 반대파와 제도 개혁을 흡수하는 방식을 보여 주는 주요 사례라고 보았다. 온건당은 특정 계급을 대변했기 때문에 성공할 수 있었다. 그 리더십을 뒷받침해 준 지식인들은 지주나 북부 기업가 계급 출신으로, 자기 계급의 이익에 충실했다. 그람시의 용어를 빌리자면, 이들은 '응축condenced'된 것이다. 하지만 행동당은 (민중계급, 특히 농민들에게 온정적인 태도를 보이긴 했지만) 어떤 계급하고도 유기적으로 연결되지 못했고, 그 때문에 응축에 기반한 정치 계획을 발전시키기가 어려웠다. 교회에 대한 적대적 태도, 토지개혁 등 농민을 대변한다며 추진한 행동당의 정책은 결국 농민과 일체감을 형성하지 못했다. 이런 상황에서 행동당이 온건당의 일부로 추락했다는 것이 그람시의 생각이었다. 행동당이 완전히 패퇴했다는 의미는 아니다. 오히려 온건당의 목표를 능동적으로 받아들이고 온건당의 가치를 자신들의 것으로 만들면서 연합의 하위 구성원이 되었다. 널리 알려진 다음의 진술을 보자.

> 특정 사회집단은 적대 집단을 **지배한다**. '없애 버리'거나, 무력으로 종속시킨다. 또한 비슷하거나 동맹 관계인 집단들을 **이끈다**. 이 사회집단은 통치 권력을 획득하기 전에 이미 '리더십'을 행사할 수 있

수동혁명의 성격을 갖는다고 서술했다. 한국 민주주의 정치의 특성을 혁명적 열광의 순간과 변형주의적 수동혁명 간의 교차에서 찾는 시각(박명림, 〈수동혁명과 광기의 순간〉, 《사회비평》 제13호, 1995, 222~268쪽)도 있다.

> 어야, 심지어 이미 행사해야만 한다(이는 권력 장악의 기본 조건 중 하나다). 권력을 발휘해야 지배하는 것이지만, 권력을 견고하게 쥐고 있을 때에도 여전히 '이끄는' 일은 계속되어야 한다(Gramsci 1971: 57-8; 강조는 글쓴이).

이런 관점에서 그람시는 1848년에서 1920년대까지의 이탈리아 역사 전체를 일종의 변형주의라고 보았다. 애초에는 개인들이 보수주의 진영으로 넘어가는 '개별적인' 변형주의였다면, 좌익 급진파가 제국주의와 제1차 세계대전 개입을 지지한 것처럼 나중에는 사회집단 전체가 변형주의에 속하게 된 것이다. 좌파들은 대중과 민족에 가까이 다가서기 위한 모험이라고 자위했으나, 이 변형은 사실 노동계급 및 농업 노동의 이익에 정면으로 반하는 일이었다.

성장기

이탈리아 통일운동과 변형주의 시기는 그람시의 성장기에 직접적인 영향을 끼쳤다. 그는 사르데냐섬의 알레스 마을에서 태어났고, 아버지 프란체스코는 토지 등록 사무를 보는 공무원이었다. 사르데냐는 통일 이전에 피아몬테를 포함한 북부 왕국에 속해 있었으나 전형적인 이탈리아 남부 경제체제와 유사했다. 이 섬의 미발전 농업경제는 여러 번의 금융 및 수출 위기를 겪으며 황폐해진 상태였다. 중산층 공무원인 프란체스코와 그의 부인 주세피나는 일곱 아이를 키우며 가난과는 거리가 있는 삶을 살았다. 그러나 프란체스코가 1879년 의회 선거에 나섰다가 떨어지면서 상황이 바뀌었다. 사르데냐 정치 풍토에서는 부패와 복수가 일상이었다. 프란체스코도 보복을 당해 횡령 혐의로 체포되어 5년 6개월형을 선고받았다. 봉급이 끊기자 그람시 가족은 빈곤층으로 내몰렸다. 총명한 학생이었던 안토니오도 열한 살에 학교를 그만두어야 했다.

안토니오의 불행은 이뿐만이 아니었다. 세 살 때 척추에 문제가 생겨 이후로도 계속 등이 굽은 상태로 살아야 했으며, 그로 인해 키가 평균에 한참 모자랐다(그람시 가족들은 보모가 계단에서 떨어뜨렸다고 주장하나, 구루병의 일종일 가능성이 크다). 불구를 교정하려고 여러 차례 고통스러운 시술을 시도했지만 일생 동안 병을 지니고 살아야 했다. "의사는 내가 죽을 것이라고 말했고, 1914년까지 어머니는 내가 들어갈 조그만 관과 장례식에 입힐 작은 정장을 버리지 않았다"(Fiori 1970: 17). 병약하고 다른 사람의 눈에 보이는 불구를 지니고 있는 데다가 갑자기 학교를 떠나야 했던 충격까지 겹치면서 그람시는 아주 내성적인 소년이 되었다(Davidson 1977: 27). 그의 이런 성격은 사는 동안 계속 주기적으로 드러났다. 몇 년 후 그람시는 자기가 "헤어나올 수 없는 고치 속에 갇힌 벌레" 같다고 쓴 적도 있다(1979: 263).

아버지 프란체스코가 감옥에서 풀려나자 사정이 좀 나아져 안토니오는 학교로 돌아갈 수 있었다. 17세에 그람시는 형 제나

로와 함께 사르데냐섬의 수도 칼리아리에 있는 문법학교로 진학했다. 여전히 가난했지만(집으로 보낸 편지에는 적당한 옷과 신발이 없어 학교에 가기 힘들다는 내용이 여러 번 등장한다) 그람시는 토리노대학의 근대철학 과정에 장학생으로 입학한다.

그람시의 성장기에 사르데냐에서 벌어진 여러 사건들은 그의 정치관과 사상을 투쟁으로 기울게 했다. 다시 이 섬을 휩쓴 농업 불황의 반대급부로 외국인 소유의 광산에 초보적인 산업기반이 들어섰다. 너무나 비참한 조건에서 일하던 광산 노동자들은 부게로에서 파업에 들어갔고, 진압 과정에서 세 명이 총에 맞아 숨졌다. 이탈리아 전역에서 항의 시위가 일어났다. 이 일은 어느 계급에 속하는지를 떠나 모든 사르데냐 사람들의 정치의식을 고취시켰다. 부게로 사건은 이탈리아 남부 문제를 대하는 정부의 태도를 보여 주었다. 산업화한 북부와 조직화된 노동계급운동을 가난한 남부보다 우선시하면서 지역 및 계급 갈등이 격화된 것이다. 1906년 칼리아리에서 소요 사태가 일어나 수백 명이 체포되었고, 군대가 투입되어 비무장 상태의 군중들에게 총을 쐈다.

그람시가 칼리아리에 왔을 때는 진압의 결과로 저항의 기반이 무르익을 무렵이었다. 형 제나로는 지역 사회당 비서에 올랐고, 그람시는 가까운 관계가 된 선생 라파 가르치아의 소개로 사르데냐 민족주의 신문에 글을 투고하기도 했다. 그람시에게 큰 영향을 끼친 급진 사회주의자 가에타노 살베미니는 북부의 남부 착취를 반대하면서 남부 농민들의 투표권을 주장한 사람이었다(이탈리아에서 문맹자들은 투표권이 없었는데, 남부의 문맹률이 높았다. 이탈리아 여성들은 1945년에야 투표권을 획득했다). 1911년, 국제 사회주의와 사르데냐 특수주의 사이에서 확실한 방향을 잡지 못한 젊은 급진주의자 그람시는 토리노로 향했다.

'철과 불의 시대', 토리노에서의 그람시

그람시의 학창 시절은 육체적 한계와의 끊임없는 투쟁이었다. 집에서 충분한 지원을 해 주지 못한 탓에 상황은 갈수록 나빠졌다. 집에 보낸 어느 편지에서 그는 이때의 생활을 "추위에 떨며 토리노 거리를 돌아다니다, 차가운 방에 들어와서는 몇 시간이고 떨고 있는 빙하기의 삶"으로 묘사했다(Fiori 1970: 73). 장학금을 받으려면 통과해야만 하는 학교 시험들도 가난한 그람시를 괴롭혔다. 몸과 마음이 여러 차례 무너지면서 1915년 4월, 그는 학위를 포기했다.

그렇지만 1911년에서 15년 사이의 기간은 그람시가 사회주의를 받아들이고 예전의 사르데냐 민족주의에서 멀어지면서 큰 사상적 변화를 겪은 시기이기도 하다. 북부가 사실상 남부를 식민지화했다는 시각을 버린 것은 아니다. 노동계급투쟁이 격화된 토리노의 상황 못지않게, 사상적 투쟁도 이 변화를 이끌었다. 그람시가 대학에 들어갔을 때는 반反실증주의anti-positivism가 이탈리아와 전 유럽의 지성계를 강타할 무렵이었다. 반실증주의는 자연과학처럼 '객관적인' 법칙으로 사회를 탐구할 수 있다는 사고방식에 반기를 들었다. 게다가 린 로너Lynne Lawner의 말처럼, 실증주의에 기반한 여러 사상 조류들은 "개량주의나 점진주의에 가까운 정치관을 공유한다"(Lawner 1979: 17).

실증주의는 교육·보건 분야에서 좋은 성과를 거두었지만, 이탈리아의 서로 다른 층위('엘리트'와 '대중')와 지역(북부와 남부)들은 발전 상태가 달라서 문화까지도 다르다는 관념을 강화시켰다. 그람시가 보기에 실증주의적 경향은 경제적으로 특권화된 사회집단(비교적 부유한 산업노동자층, 중산층, 남부 지주)을 근대화하는 이탈리아의 표상으로 굳히는 역할을 했다. 나중에 그람시는 사회당도 남부의 후진성이라는 '족쇄'와 자신들을 구분해 북부 사람들의 연대를 강조하면서 이 이데올로기에 동조했다고 비판했다. 그러므로 그람시가 사르데냐 민족주의를 거부한 것은 '남부 문제'에서의 후퇴가 아니다. 그는 '두 문화'라는 관념을 학문적으로 뒷받침한 '실증주의 학자들'을 비판했다. 분리-지배 전략은 이탈리아 전체의 사회발전을 저해하여 중산계급 혹은 부르주아지의 지배를 영속화한다는 것이다.

사회언어학자 마테오 바르톨리Matteo Bartoli는 사르데냐 방언으로 글을 쓰라고 격려하면서 그람시가 계속 고향에 관심을 갖도록 도와주었다. 그람시는 단테 연구자인 움베르토 코스모Umberto Cosmo와도 교류했으나 주로 카를 마르크스Karl Marx(1818~83; 다음 장 참고), 베네데토 크로체Bendetto Croce(1866~1952; 아래 박스 참고) 등의 철학에 열중하면서 지적 자극을 받았다. 그는 사교적인 성격은 아니었지만 여러 학생 활동가들과 교류했다. 안젤로 타스카, 움베르토 테라치니, 동향 친구인 팔미로 톨리아티(1893~1964) 등은 사회주의청년연맹의 일원이었고(그람시는 1914년 즈음에 이탈리아 사회당에 가입한다), 언론 활동이나 이탈리아 공산당 창립에서 그람시의 동지로 활약했다.

베네데토 크로체

그람시는 여러 이탈리아 사상가들에게 영향을 받았다. 마르크스, 레닌, 그리고 이탈리아 철학자로는 니콜로 마키아벨리, 안토니오 라블리올라, 조반니 젠틸레, 그리고 그람시에게 참여와 새로운 출발의 중요한 지점들을 마련해 준 베네데토 크로체 등이 그람시 사상 형성의 토대가 되었다. 반세기 이상 이탈리아의 가장 중요한 철학자로 꼽힌 크로체(1866~1952)는 남부의 주요 지주이자 자유주의적 성향을 지닌 상원의원이었다. 파시즘 동조자였지만 나중에는 무솔리니를 가장 강하게 비판한 사람이기도 했다. 외부 현실은 '인간'의 인식으로 만들어진다고 본 크로체의 철학은 관념론에 속했고, 사고가 관찰 가능한 현상에만 기초될 수 있다는 개념을 거부했으니 반실증주의였다. 크로체 철학은 '관념론적 현실주의' 입장을 취했다. 인간은 행동으로 구현되는 새로운 '윤리-정치적' 현실을 끊임없이 사유해야 한다. 관념론적 현실주의는 인간에게 인식 및 행위 주체로서의 역할을 부여하므로, 신이 준 숙명이 미래를 만든다고 보는 '형이상학적' 역사 해석이나 오로지 경제발전이 역사를 결정짓는다고 본 당시의 조악한 마르크스주의적 해석을 인간중심적으로 수정하였다. 그로체의 입장을 상당 부분 받아들이고 민족문화의 회복을 옹호했다는 점에서 그람시는 '크로체 학파'에 속하는 것으로 인식되어 왔다. 크로체도 그람시는 '우리 중 하나'라고 말한 적이 있다.

그러나 역사에 대한 인간중심적 해석을 공언했다는 점을 놓고 볼 때, 크로체 철학은 형이상학에 가깝다는 비판을 피할 수 없다. 실제 인간이 사회 속에서 치러야 하는 투쟁을 다루기보다는, 역사를 이끄는 추상적 본질 혹은 정신이라는 개념으로 나아갔다. "모든 역사는 정신Spirit의 역사다." 정신을 내세우면

전쟁, 파시즘 그리고 공산주의

그람시가 토리노에 있었던 시기는 군국주의가 부상하면서 전쟁이 닥쳐오던 때였다. 통일이 늦어서 해외 식민지를 갖지 못했던 이탈리아는 리비아 해안의 항구를 몇 개 점령하면서 교두보를 확보했다. 군사행동은 성공적이었지만, 이 사건은 이탈리아 여론을 갈라놓았다. 좌파 내부의 대립이 특히 심했다. 2년 후 제1차 세계대전 개입 여부가 당면 과제로 떠오르자 균열이 커졌다. 우파는 오스트리아에게서 영토를 빼앗아 올 좋은 기회로 보았으나, 좌파는 '완전 중립'을 내세우는 쪽과 개입 지지파로 분열되었다. 사회당 기관지 《전진!Avanti!》의 편집장이었던 베니토 무

크로체 본인의 계급적 위치나 정치적 지향을 배신하는 결과를 낳는다는 것이 그람시의 생각이었다. 정신은 영원히 활동하기 때문에(크로체는 정신이 보편적으로 온당하고 합리적이라고 보았다. 그 반대라고 볼 수 있는 증거들은 무시했다), 실천과 정치 차원의 변화를 끌어내는 투쟁을 불필요한 것으로 만든다. 따라서 정신은 탈정치적이고 반동적이다. 더구나 정신은 누구나 가질 수 있는 것도 아니다. 역사를 바라보는 관점을 문화적, 정치적, 경제적 형태로 정교하게 풀어낼 줄 아는 교양을 갖춘 지식인층이나 갖는 것이다. 관념론적 현실주의는 아주 특수한 사유 방식과 정치 행위를 자연스럽고 보편적인 것으로 만들어, 20세기 초반 이탈리아에 실제로 존재한 사회형태를 지적으로 뒷받침했다. 그람시는 크로체가 떠오르는 자유주의적 부르주아지 계급을 위해 노력하는 유기적 지식인과 대중정치운동의 등장으로 시대에 뒤처진 전통적 지식인 사이의 불안한 위치에 있다고 보았다(크로체에 대한 더 자세한 논의는 Bellamy 1987을 참고할 것).

솔리니(1883~1945)도 개입 지지파에 속했다.

전쟁 개입파가 득세하면서 이탈리아는 프랑스, 영국, 러시아 편에 서서 전쟁에 뛰어들었다. 전황은 불리하게 돌아갔고, 이탈리아군은 1917년 카포레토에서 독일군에 대패했다. 제1차 세계대전이 끝났을 때 이탈리아 영토는 약간 늘어났지만 전쟁이 가져온 정치경제적 위기를 잠재우기에는 역부족이었다. 전후 몇 년 동안 인플레이션과 실업률이 엄청나게 치솟으면서 극단적인 해결책을 바라는 목소리가 커졌다. 노동자, 농민, 전역 군인들은 강력한 리더십을 발휘하는 정치세력을 요구했다(Ransome 1992: 77-8). 이들은 과거 가톨릭이나 사회주의를 옹호하는 측에 속했다. 1919년 이후로 호전적인 민족주의자들이나 중하층계급의 요구에 응답하는 새로운 정치세력이 등장했다. 무솔리니의 파시스트당은 밀라노에서부터 점차 세력을 불리다가 1921년에 이르러서는 이탈리아 북부와 중부에 이르기까지 세력을 확장했다.

노동계급운동의 성장과 파시스트의 출현은 이탈리아의 정치와 사회에 엄청난 영향을 끼친, 이탈리아 바깥에서 일어난 여러 사건의 맥락 속에서 바라볼 필요가 있다. 전쟁으로 인한 군사적·경제적 압력이 가장 큰 정치적 위기를 불러온 나라는 러시아였다. 여러 도시에서 군인들까지 가담한 대규모 시위가 일어났고, 1917년 2월 '소비에트'(노동자평의회)위원회와 군인들이 수도 상트페테르부르크를 장악했다. 새로 들어선 정부는 온건 개혁 노선이었지만, 1917년 10월 두 번째 혁명이 일어나 레닌이 지도하는 공산주의 볼셰비키파가 의회와 군대를 장악하게 된다

(다음 장 참고). 1918년, 의회가 해산되고 세계 최초의 노동자국가 소비에트사회주의공화국이 선포되었다. 혁명적 사회주의가 이룩한 가장 큰 성과였으나, 러시아혁명을 계승한 뒤이은 시도들은 이만큼 성공하지 못한다. 1918년에서 20년 사이에 독일, 오스트리아, 헝가리에서 일어난 사회주의혁명들은 잔인하게 짓밟힌다.

1915년 말에 그람시는 대학 졸업을 포기하게 만든 병에서 어느 정도 회복되었다. 군면제 판정 이후 정치활동을 시작해 문화와 정치에 관한 글들을 사회주의 언론 《민중의 외침Il Grido del Popolo》과 《전진!》에 기고했다. 러시아혁명을 다룬 그의 첫 번째 글은 1917년 4월 《민중의 외침》에 실렸다. 그람시는 주류 언론들이 혁명을 부르주아적인 것으로 보고 있다고 비판한다. "이 혁명은 프롤레타리아적인 특징이 있다. … 당연히 사회주의적 체제를 낳을 것이다"(Fiori 1970: 109).

그람시는 반실증주의적 입장에 서서 볼셰비키혁명이 "마르크스의 《자본》에 어긋나는" 혁명이라고 했다. 볼셰비키혁명이 '노동자의 혁명은 부르주아적인 자본주의사회가 성립된 이후에야 일어날 수 있다'는 《자본》의 추론과는 다른 양상을 보였기 때문이다(1917년의 러시아는 봉건사회였고, 노동자 대부분은 문맹 농부들이었다.) 나중에 그람시는 혁명이 어떻게 시작되고 유지되는지를 더욱 정교하게 설명하게 되지만, 레닌이 영감과 자극을 주는 혁명 지도자라는 평가를 수정한 적은 없다. 1917년의 혁명은 그만큼 인상적이었다. 이탈리아 언론이 러시아혁명을 제대로 보도

하지 않는 상황에서, 이탈리아 노동자들이 시도한 봉기는 지도력과 조직의 부재로 곧장 진압되었다.

그람시는 주간지 《신질서L'Ordine Nuovo》를 창간하면서 새로운 상황에 대응했다. 그 목표는 "이탈리아 노동계급에서 소비에트식의 전통을 발견해, 진정으로 혁명적인 우리 역사 속의 흐름을 드러내는 것"이었다(Fiori 1970: 118). 그람시는 토리노 산업의 중추인 피아트 자동차공장에 등장한 공장 평의회 조직에서 '소비에트'적인 조직 형태를 발견했다. 이 조직은 두 가지 점에서 일반적인 노동조합과 달랐다. 하나는 자본가들의 손에 있던 생산수단을 실제로 장악하려고 한 점이고, 또 하나는 공장 평의회가 통치의 기초를 형성했다는 점이다. 투표로 뽑힌 공장 평의회, 농장 평의회, 지역 평의회는 부르주아 정부를 대체하고 결국에는 전 지구적 체제의 기초가 될 것이다. '위에서 아래로'가 아이라 '아래에서부터의' 민주주의였다.

리처드 벨라미(1987:120)에 따르면, 그람시의 낙관적인 주장은 중요한 질문들을 낳는다. 공장노동자들은 산업노동자의 삶에 계속 만족할 것인가? 여성들은 이 민주주의 형태에 잘 들어맞는가? 산업 발전에서 토리노가 보여 준 독특성은 혁명적 공장 평의회의 형성에 필수적인가? 그렇다면 그 독특성은 북부의 거대 산업도시인 밀라노에서는 왜 형성되지 못했는가? 이탈리아의 다수를 차지하는 농민들과는 어떻게 접점을 만들 것인가?

특히 마지막 두 질문은 1920년대에 토리노 노동계급이 공장 소유주와 정부에 맞서서 피아트 공장을 다시 두 차례 점유했을 때에도 중요한 문제였다. 공장 평의회의 자치 가능성을 보여 준 점유 사태는 이탈리아 전역의 지지를 얻지도, 이탈리아 사회당이나 주요 노동조합에서 주도권을 가져오지도 못했다. 실망한 그람시는 사회당 내의 공산주의자들에게 사회당 접수를 요구했다(1994: 196). 그람시는 사회주의자들에게서 이탈해 이탈리아 공산당을 만드는 쪽으로 점점 기울고 있었다. 1921년 리보르노에서 그람시는 쓰디쓴 패배를 맛보았다. 노동계급운동의 다수는 공산주의자의 길을 거부했다. "리보르노에서 겪은 분열은 의심할 여지없이 반동 세력이 거둔 가장 큰 승리다"(Fiori 1970: 147).

파시스트들의 폭력도 점점 기세등등해졌다. 앞에서 이야기했듯이, 파시즘은 중하계층이 정치적 의사 표명을 하는 통로였다. 이들은 전쟁이 가져다준 '배신'에 분노해 있었고(초기 파시스트 중 상당수는 군인 출신이었다), 노동계급투쟁에 적의를 드러냈다. 파시스트들은 좌파와 충돌하는 중산층과 거리낌 없이 협력했다. 그러나 파시스트들을 부유한 기업가나 지주들의 도구로만 치부해 버리면, 당시 무솔리니 파시스트당이 가졌던 특수성이나 특이점을 놓치게 된다.

처음에 그람시는 파시스트들이 상층계급을 '흉내' 내는 '원숭이들'이라고 비꼬았고(Ransome 1992: 97), 나중에는 도시지역과 비도시지역에 기반하는 '두 가지 파시즘'이 존재한다고 분석하며 파시스트들의 분열을 전망했다(1994: 227-9). 그람시는 파시스트당의 조직력을 과소평가했고, 교회, 보수주의 세력, 왕당파, 군대 등 여러 사회집단에 매력적으로 보일 법한 정치 프로그램을 제시한 이들의 능력도 가볍게 보았다. 파시스트운동의 위기를 감지한 무솔리니는 1922년 10월 '로마 진군'을 시작했다. 이탈리아 왕국의 왕과 정부는 대응을 주저했다. 결국 수상 자리에 오른 무솔리니는, 1924년 4월 본인의 자리를 법적으로 정당화할 총선을 요구했다. 비록 의회를 완전히 장악하지는 못했지만, 파시스트당은 제 목적을 달성했다. 이때 당선된 야당 의원들 중 하나가 안토니오 그람시였다.

모스크바에서 감옥까지

리보르나에서의 분열도 이탈리아 좌파의 고질병인 분파주의나 내부 알력이 가져온 위기를 해결해 주지는 못했다. 반면에 유럽 다른 지역에서는 국제공산주의연맹(코민테른)이 '통일전선'을 내세워 다른 진보 세력들과 공산주의를 결속시키려고 하고 있었다. 반면에 당시 이탈리아 공산당을 이끌던 아메데오 보르디가(1889~1970)는 비혁명 세력 당들과의 연합으로 오염되지 않는 '순수한' 당을 고집했다. 그람시는 이 정책에 모호한 태도를 취했지만, 모스크바의 코민테른 집행위원회에 이탈리아 공산당 대표로 참석했다. 그가 러시아에 체류하던 때는 러시아 공산당에 이오시프 스탈린(1879~1953)의 영향력이 확대되어 가던 시기였다.

1922년 건강 악화로 교외의 요양소에 들어간 그람시는 바이올리니스트 줄리아 슈히트를 만났다. 자신의 외모가 "사랑받기는 불가능한 운명"이라고 생각했던 그람시였지만 결혼까지 그리 오래 걸리지 않았다. 몇 년 후 그는 "사랑 없는 혁명 정신은 그저 지성일 뿐이거나 수학적인 계산에 지나지 않는다"고 적기도 했다. 둘이 함께 보낸 시간은 짧았다. 보르디가와 이탈리아 공산당 집행부가 1923년 체포되자 이들의 관계는 금방 시험대에 올랐다. 베네토 지역의 국회의원으로 당선되어 체포를 면했던 그람시는 1925년 5월 이탈리아로 귀국했다. 당의 다수는 아직도 보르디가의 '순수한' 노선을 따르고 있었다. 이후 수개월 동안 그람시는 이탈리아의 상황이 러시아와 같지 않고 혁명 전략도 알맞게 수정되어야 한다는 사실을 받아들이는 당내 '중도파'를 형성하려고 애썼다. 이 노선은 국제 공산주의가 러시아의 요구를 따라야 한다는 스탈린의 고집과 충돌했다. 하지만 마침내 그람시는 이탈리아당 서기장에 올랐다.

파시즘이 기승을 부리는 와중에도 1923~1924년 사이 가파르게 늘어난 공산당원의 수는 아직 노동자혁명의 가능성이 있음을 보여 주었다. 그러나 파시즘 반대파의 대다수는 파시스트당이 전통적인 의미의 정당이고, 의회 절차를 통해 제어될 수 있다고 생각했다. 슬픈 착각이었다. 무솔리니의 반민주적 정책을 비판한 사회당 의원 마테오티가 파시스트 암살자의 손에 목숨을 잃자, 야당 의원들은 왕이 파시스트에 대항하는 행동을 취할 것을 기대하면서 국회 등원을 거부했다. 그람시의 의견은 달랐다. 뛰쳐나온 '국회'의 이름으로 총파업을 촉구해 모두 힘을 합쳐 파시즘에 역습을 가해야 한다는 생각이었다. 야당들은 이 의견에 동조하지 않았다. 진정한 대중 저항이 부재한 틈을 타 무솔리니가 새로운 탄압을 시작하면서 이탈리아는 이후 2년 만에 일당독재의 지배 하에 들어간다.

이 시기에 그람시의 개인사에도 변화가 생겼다. 아내가 아들 델리오를 낳았다. 그람시는 가족을 보러 1925년에 러시아를 잠시 방문하기도 했다. 로마로 돌아온 그람시는 그의 유일한 국회 연설에서 프리메이슨을 제한하려는 법이 야당 탄압을 겨냥하고 있다고 정확하게 지적했다. 연설 이후 축하 인사를 건네는 무솔리니를 무시한 에피소드는 유명하다.[2]

아내 슈히트가 델리오를 데리고 로마에 살러 들어왔을 때는 처형인 타티아나도 이미 입국해 있었다. 가족이 모여 단란하게 지내는 생활은 곧 탄압 때문에 불가능해졌다. 슈히트는 둘째를 임신한 뒤 1926년 말에 모스크바로 돌아갔다. 11월 8일, 무솔리니는 체포할 야당 의원 명단을 작성했다. 면책특권에도 불구하고, 그람시도 체포되었다. 계급 갈등과 내전을 부추긴 죄목으로 기소된 그람시의 재판은 1928년 로마에서 열렸다. 검사는 "이 사람의 두뇌가 20년 동안 작동하지 못하게 해야 한다"고 요구했다. 재판은 요식행위였고 20년 형이 선고되었다. 그람시는 남부의 투리로 이송되었다가, 1933년 로마와 나폴리 중간에 있는 포르미아로 옮겨졌다.

---

2 그람시의 해당 연설 번역문은 아래의 글을 참고할 것. 〈그람시 vs 무솔리니-결사와 조합 설립의 자유에 관한 하원에서의 의사진행발언〉, 《나는 무관심을 증오한다-그람시 산문선》, 김종법 옮김, 바다출판사, 2016.

투리에 수감되어 있을 무렵, 그람시는 이제 톨리아티가 이끌게 된 공산당에서 자신이 고립되었음을 깨달았고 동료 정치범들과의 정치 토론도 그만두었다. 이 당시 그가 품은 생각이 널리 알려졌다면, 특히 스탈린에 대한 그의 호된 비판이 감옥 밖으로 새 나갔다면 아마 당에서 제명되었을 것이다. 1935년에 건강 악화로 잠시 풀려난 그람시는 당국의 감시 아래 로마의 병원에 입원해 있다가 1937년에 사망한다. 그의 유해는 로마의 개신교 공동묘지에 묻혔다.

그람시의 투옥은 사형선고나 마찬가지였다. 점점 병이 깊어가는데도 교도소에서는 별다른 조치를 해 주지 않았다. 아내와 아들들을 보기 힘든 것도 그람시를 고통스럽게 했다. 정신적인 문제를 안고 있던 아내는 이탈리아로 돌아오기를 꺼렸다. 그람시는 둘째 줄리아노를 한 번도 보지 못했다. 처형 타티아나에게 보낸 편지에서 그는 가족들을 보지 못하는 것이 "내 인생의 두 번째 감옥"이라고 썼다. "내 적들의 공격에는 맞설 준비가 되어 있"지만 "전혀 예상 못한 이 공격에는 대비하지 못했"다고 했다(1975: 175).

그러나 그람시의 두뇌는 1928년 재판 이후에도 작동을 멈추지 않았다. 이후 전체주의는 수백만을 희생시키지만, 아직 무르익지 않은 이탈리아 파시즘 하에서 그람시는 투옥되었을 뿐 살해되지는 않았다. 케임브리지대학에 있던 경제학자 피에로 스라파의 도움으로 책과 신문, 잡지 등을 감옥에 반입할 수 있었고, 처형이 끊임없이 구명운동을 벌이고 처우 개선을 요구한 덕분에 병실로 옮겨졌을 때 그가 쓴 글들을 몰래 빼내 올 수 있었다. 3천 페이지에 달하는 글이 아주 작은 글씨로 빽빽하게 적혀 있는 33권의 공책이었다.

10여 년간 그람시가 행한 정신적 고투가 담겨 있는 《옥중수고》는 감옥에서 감시를 받으며 쓰이고, 수년 동안 편집자와 번역자들이 달라붙어 정리한 파편적이고 불완전한 기록이다. 집필과 출판 조건의 열악함에도 불구하고, 《옥중수고》가 20세기의 가장 중요하고 감동적인 저작 중 하나로 손꼽히는 까닭은 그 현장성 때문이다. 현실에 초연한 태도로 후퇴하지 않고, 감옥이라는 한계를 뛰어넘어, 사회주의의 실패와 파시즘의 승리 너머를 탐사하면서, 당대의 현실을 이해하고 이를 바꾸려 한 것이다.

지식인, 언어와 언어학, 문학과 민속, 남부 문제와 이탈리아 통일, 미국화와 포드주의, 그리고 헤게모니 등 《옥중수고》에 담긴 종합과 분석의 수많은 파편들은 선진 자본주의국가에서 권력이란 무엇인가를 탐구하는 방향으로 결집된다. 한 인간으로서나 정치적으로나 최악의 상황에서 쓴 《옥중수고》는, 그럼에도 불구하고 단테 제르미노의 다음 서술에 고개를 끄덕이게 한다. "그람시는 자기 몸이 시들어 간다는 사실을 알면서도 지적으로, 정신적으로 쇠약해지지 않았다. 몸은 감옥에 있었으나 마음은 그렇지 않았다. 인간을 인간답게 만드는 것은 자유와 저항의 정신이다"(Germino 1990: 128).

사회주의 실패와 파시즘의 승리 너머

이 장은 그람시 사상의 발전을 낳은 사회적 환경을 다루었다. 19세기 이탈리아의 비교적 '약한' 민주주의적 자본주의는 결국 파시즘으로 나타난 특정한 독재적 경향을 낳았지만, 적극적 노동계급운동의 발전을 가능하게 하기도 했다. 변형주의 시기와 1917~1920년 사이에 일어난 실패한 혁명 시도들을 검토하면서, 그람시는 민주주의사회에서 급진적인 변화는 보편적 형식이 아닌 특수한 분석과 전략을 필요로 한다고 보았다. 크로체와 레닌의 사상은 그의 판단이 명확한 형태를 갖추도록 도와주었다. 또한, 이 장에서는 사유가 정치적 행동과 분리될 수 없다는 것을 입증하기 위해 그람시의 현실 참여가 역사적 사건들과 어떻게 관련되는지를 살펴보았다.

| 제 2 장 |

문화

Antonio Gramsci

이 장에서는 왜 지배집단이 승리하고 권력을 유지하며, 때로는 권력을 잃는지를 이해하기 위해 그람시가 문화에 주목한 이유를 탐사할 것이다. 우선 경제적 '토대'와 문화적 '상부구조'의 관계에 대한 카를 마르크스의 언급과 이 관계에 대한 그람시의 좀 더 미묘한 이해 방식을 살펴본다. 그람시의 시민사회 분석, '진지전'과 '기동전'의 구분을 논한 후, '남부 문제'와 '국민-대중' 건설에 관한 그람시의 입장에 주목하면서 공간적 틀 안에서 문화 문제를 고찰해 볼 것이다.

토대와 상부구조

그람시 사상의 독창성을 이해하려면 초기 마르크스주의와의 관계를 파악해야 한다. 앞에서 젊은 시절의 그람시에게 큰 영향을 끼친 철학자로 크로체를 언급했으나, 그람시는 대학에서 마르크스에 관한 수업을 수강했으며 1914년 이후 발을 들인 사회주의 조직들 내부에도 마르크스주의가 널리 퍼져 있었다. 이 시기의 마르크스주의는 문화에 큰 관심을 두지는 않았어도 문화와 관련된 두 영역인 이데올로기와 상부구조를 폭넓게 다루고 있었다.

사고의 형성에 대한 마르크스의 유물론적 이해는 의식에 대한 과거 관념론적 인식과의 단절을 의미한다. 초기 저작들에서 마르크스는, 세계에 대한 우리의 인식을 통해서만 세계가 의미를 갖게 된다고 주장하는 관념론 철학이 사물의 진정한 질서를 정반대로 왜곡하고 있다고 비판했다. 프리드리히 엥겔스와 함께 저술하고 1846년에 출판한 《독일 이데올로기》에서, 마르크스는 "의식이 삶을 결정하는 것이 아니라, 삶이 의식을 결정한다"고 주장하여 관념론을 거꾸로 뒤집어 놓았다(Marx 1977: 164). 문학, 예술 등 특정한 문화적 실천 형태나 이에 관한 특정 견해가 등장하는 데에는 역사적·사회적 이유가 존재한다는 것이다.

마르크스와 엥겔스가 "독일 철학자들은 하늘에서 땅으로 내려온다"는 신학적인 비유를 든 것은 우연이 아니다. 관념이 사회 현실과 독립된 존재라고 보는 종교적인 환상에서 독일 철학자들이 자유롭지 않다고 생각했기 때문이다. 관념이 자율적 존재가 아님을 깨닫지 못한다면, "신의 영역에서 인간의 영역으로"(환상에서 현실에 대한 명확한 인식으로) 뛰쳐나오기는 불가능하다. 이 도약이 이루어지지 않은 것은 관념론이 중립적이지 않기 때문이다. 독일 철학자들은 어느 한편으로 치우치지 않는 태도를 보이는 듯 싶지만, 그들의 사상은 계급 이해에 따른 물질적 지배에 조응한다. "지배계급의 사상은 어느 시대에나 지배 사상이었다. 물질 생산수단을 가진 계급은 동시에 정신 생산수단도 지배한다"(위의 책: 176). 마르크스와 엥겔스는 지배 사상이 "지배적인 물질 관계의 관념적 표현이며, 관념에 포착된 지배적 물질 관계에 불과하다"고 주장했다(위의 책). 이를테면 부르주아 사상가들의 철학은 부르주아적 사회생활의 반영에 지나지 않는다.

이후 10여 년 동안, 마르크스는 이데올로기를 연구하면서 경제 관계가 규정하는 사고방식뿐만 아니라, 어떤 관념을 퍼뜨리고 불공평한 계급사회를 유지하기 위해 만들어진 제도들에도 눈길을 돌렸다. 마르크스는 기본 경제행위의 층위를 가리켜 '토대' 혹은 '구조'라고 불렀고, 토대가 규정하는 모든 법, 교육, 예술, 정치 행위들을 '상부구조'라 칭했다. 상부구조에 관한 마르크스의 가장 유명한 언급은 《정치경제학 비판》의 서문에 등장한다. 경제 관계의 총합은 "사회의 경제구조, 즉 현실의 토대를 이루고, 그 위에 법적·정치적 상부구조가 세워지며, 일정한 사회적 의식 형태들이 이 토대에 상응한다"(1977: 389).

마르크스는 경제적 토대가 사회생활의 가장 강력하고 결정적인 층위라고 주장했다. 토대는 상부구조를 낳고 거기에 특색을 부여한다. 상부구조는 기성 경제질서를 유지하고, 경제 착취의 진정한 조건들을 감추거나 정당화한다. 예를 들어, 노예제도는 15세기부터 19세기까지 아메리카대륙 대부분의 경제적 '토대'였다. 노예제는 노예가 할 수 있는 것과 할 수 없는 것을 구분하는 법률과, 아프리카계나 아메리카 원주민들의 본성을 규정하는 학술 연구와, 노예제를 정당화하는 종교적 교리를 낳았다. 이 상부구조들은 대부분 노예제와 관계 없는 자율적인 것인 양

작동하면서 노예제를 강화했다.

사회를 진정으로 변화시키려면 토대가 근본적으로 변화해야 한다. 마르크스는 산업사회라는 맥락에서는 노동자들이 '생산 수단'(특히 공장)의 통제권을 장악해야만 근본적 변화가 가능하다고 보았다. 형벌 제도 개선이나 사교육 폐지 같은 상부구조의 변화만으로는 진정한 혁명을 할 수 없다. 상부구조의 개선이 바람직하지 않다는 말이 아니라 자본주의적 착취의 본질을 바꾸지는 못한다는 뜻이다.

이제 토대-상부구조 관계에서 중요한 지점들을 짚어 보자. 첫째, 마르크스의 표현대로라면 이 관계는 지나치게 딱 맞아떨어진다. 특정한 경제적 계기가 만든 문화 형식이나 실천만이 생명력을 갖는 것처럼 보일 수 있다. 그러나 예전의 관행과 의식 형태는 경제적 구조와의 직접적인 연결이 끊어진 뒤에도 계속 유포되고 오랫동안 강력한 영향을 끼칠 수 있다. 종교가 좋은 예이다.

둘째, 상부구조는 마르크스도 말했듯이 "기후, 지리, 인종적 특성 등 셀 수 없을 만큼 많은 외부 환경의 영향으로 인한 무한한 변주와 변화"가 존재하는 광범위한 영역이다(Strinati 1995: 135). 이 환경적 요소들은 토대가 가진 규정력을 어느 정도 약화시킬 수 있다. 자본주의사회들은 분명히 서로 다른 불균등한 방식으로 발전하기 때문이다. 따라서 토대만 보고 상부구조의 특성을 정확하게 예견할 수는 없다.

셋째, 마르크스가 경제적 토대의 본질적 차원으로 특히 강조한 물질 생산은 공장 노동이라는 특정 이미지에 의존하며, 다른 생산양식도 '토대'에서 어느 정도 중요한 역할을 한다는 사실을 무시한다. 마르크스가 말한 상부구조에 해당할 현대사회의 여러 측면들, 예컨대 레저, 커뮤니케이션, 스포츠, 연예산업 등은 이제 경제에서 중요한 영역을 차지한다.

넷째, 상부구조가 언제나 자본주의의 이해관계와 곧장 연결되는 것은 아니다. 확실히 법률, 학교, 정치는 사적 이익을 보장하고, 아이들을 쓸 만한 노동자로 교육하며, 의회에서 자본주의의 이익을 대변하며 자본주의를 떠받치기도 하지만, 환경을 오염시키는 자들을 기소하고, 아이들에게 읽고 쓰는 법을 가르치며, 노동시간을 단축하는 법을 제정하기도 한다. 이 제도들이 출현한 이유가 원래는 자본주의의 목적에 봉사하는 것이었더라도, 이제는 고도의 독립성과 자율성을 가지고 경제적 토대에도 어느 정도 영향을 미친다.

어떤 정치적 변화를 염두에 두더라도, 토대와 상부구조 중 어느 한쪽이 결정적이라고 속단하지 말 일이다. 이미 그람시는 수많은 노동자 봉기가 실패한 위기 상황에서 이 주제를 더 진전시킨 바 있다. 이제 그람시의 주장을 들어 보자.

기동전과 진지전

1917~1921년 사이, 유럽에서 일어난 여러 혁명 시도 중에서 러

시아혁명만이 성공해 노동자국가를 수립했다. 마르크스가 사회주의혁명의 필요조건이라고 주장한 산업 발전 수준에 미달하는 나라에서 혁명이 일어난 것이다. 적어도 파시즘 등장 이전까지는 산업이 발전한 국가들에서 자본주의적 경제와 의회민주주의가 무너지지 않았다. 러시아의 혁명 전략은 제1차 세계대전이라는 위기가 만든 우연한 상황에서나 가능했다. 성숙한 민주주의사회에서는 같은 방식이 통하지 않는다는 것이 그람시의 판단이었다.

하지만 보르디가가 이끌던 이탈리아 공산당은 공산주의자들이 주도하는 노동자 봉기가 국가를 직접 공격하는 방식으로 성공할 수 있다고 주장했다. 1924년의 편지에서, 그람시는 그런 혁명은 불가능하다고 썼다. 서구 민주주의사회는 정치집단과 제도들을 복잡하게 배치해 놓았고, 혁명이 성공하려면 이것들이 부르주아사회와 맺고 있는 관계를 해체해야만 하기 때문이다. 서유럽에는 노동조합, 사회민주주의 정당, 높은 임금을 받는 '노동귀족'이 존재한다. 이 '정치적 상부구조'는 직접행동을 제어하는 안전장치로 작용하기 때문에, 당시 이탈리아 혁명을 도모한 정치세력이 볼셰비키와는 다른 장기 전략을 채택해야만 하는 상황을 조성했다(Gransci 1971: 66).

따라서 그람시는 러시아식 혁명과 다른 나라들에 필요한 혁명 방식을 구분했다. 러시아의 정치적 상부구조는 "원시적이고 여물지 않은" 미발달 상태였고, 차르 체제와 그에 대항하는 혁명 세력 사이에 놓인 중간층이라고 할 만한 세력이 거의 존재하지 않았다. 볼셰비키는 무찔러야 할 중간층이 없어서 국가 장악에만 집중할 수 있었다. 이 정면 승부를 가리켜 그람시는 '기동전war of manoeuvre'이라고 불렀다.

제1차 세계대전 당시 서부 전선이 참호전으로 고착된 상황을 떠올리며, 그람시는 갑작스런 전황 변화와 빛나는 승리는 매우 드문 일이라고 지적했다. 대부분의 혁명은 상부구조 내부에서 오랜 기간에 걸친 '진지전war of position'을 수행해야만 하며, 진지전에서의 투쟁 대상은 의미와 가치라는 것이다. 서구 자본주의 국가들은 심각한 저항을 예상하고 그에 대한 대비를 이미 마친 상태이다. 러시아 같은 저발전 사회에서는 중간 매개층이 부재했으나, 근대 자본주의 체제는 내부 분열을 막고 정치적·심리적 혁명이 불가능하도록 꼼꼼하게 짠 관습과 제도의 그물망을 발달시켰다.

'진지전'과 '기동전'의 구분은 논의해 볼 만한 여러 지점을 낳는다. 우선 생각해 볼 문제는, 이데올로기 투쟁과 무장 혁명의 관계다. 그람시의 진술은 조금 모순적인 데가 있다. 진지전은 자본주의사회를 전복할 기반을 마련하는 데에 필요하다(앞의 책, 108)고 하면서, 진지전이 정면 공격을 결정적으로 대체한다(앞의 책, 239)고도 했다. 폭력혁명을 포기한다고 선언한 정치세력들은 두 번째 진술에 근거해 그람시 이론을 유용하게 활용하였으나, 그람시가 직접적인 혁명을 포기한 적이 없는 투사였다는 사실은 그들의 해석과 잘 들어맞지 않는다. 진지전과 개량주의를 연관짓는 것도 문제가 있다. 그람시가 이탈리아 사회당과 결별하게 된 동기는 사회당의 개량주의적 성향 탓이었기 때문이다.

랜섬은 이 두 진술을 결합시켜 보아야 한다는 설득력 있는 주장을 내놓았다(Ransome 1992). 어떤 경우에는 결정적인 행동을 취하기 전에 상부구조의 일부를 형성할 오랜 준비가 꼭 필요하다(예를 들어, 정당은 선거 이전에 언론과 긍정적인 관계를 형성하려는 노력을 기울인다). 하지만 어떤 경우에는 정면 공격이 진지전의 전초전이 되기도 한다. 소련 공산주의의 가장 큰 실패 원인은 차르 체제를 무너뜨린 후 벌인 헤게모니 투쟁에서 승리하지 못했기 때문이다. 소련은 이 때문에 억압에 의지할 수밖에 없었다.

시민사회

정치적 영역에 계속 초점을 맞춰 이야기했으나, 상부구조는 노동조합과 온건 사회주의 정당만 가리키는 것이 아니다. 그람시가 '시민사회'라고 부르는 광범위한 제도들도 상부구조에 포함된다. 정치조직만이 아니라 교회, 학교, 스포츠팀, 미디어, 가족도 시민사회에 속한다. 그람시는 국가가 시민사회와 경제를 연결하는 중요한 역할을 한다고 했으나, 이보다 더 포괄적인 의미로 시민사회라는 용어를 사용하기도 했다. 가장 폭넓은 의미에서 "시민사회는 '사적인 것'이라고 불리는 유기체의 총체"(1971 : 12)이며, 때문에 일정한 관리 하에 있는 문화제도를 의미할 뿐만 아니라 개인적 행위, 취향 및 가치의 영역이기도 하다. 이 상부구조 모델은 "부르주아 이데올로기를 일방적으로 전파하는 제도들의 집합"이라는 마르크스의 정의와는 확실히 거리가 멀다. 법적으로 규정된 제도는 물론이고 파티, 쇼핑, 여행까지도 시민사회에 포함된다. '일상생활'이 차지하는 비중이 점점 더 커지면서 시민사회가 권력작용과 관련돼 있다는 사실을 인식하기도 어려워졌다. 그람시에 따르면, "정치사회와 충돌하지 않으면서 스스로 결정을 내리는" 개인은 "그저 시민사회의 지속이자, 그 유기체의 일부분이다"(위의 책 : 268).[1]

따라서 시민사회는 다음 장에서 살펴볼 그람시의 '상식' 개념과 겹치는 부분이 상당히 많다. 예를 들어, 정원을 가꾸는 일은 주택 소유, 가족생활, 국민성이나 소비주의 등의 문제와 명백한 관련이 있으므로 현대 자본주의 세계에서 유용한 모종의 지혜도 담고 있다. 그러나 정원 가꾸기는 이 문제들로 환원될 수 없고 그런 용어들로 명확하게 설명되지도 않을 것이며, 계급보다는 성별, 나이 등의 여타 사회적 구분으로 논의되거나 아예 다른 범주인 쾌락으로 표현되기 쉽다. 분명히 사적 영역을 지배하는 가치는 아주 자연스럽고 그래서 변하지 않는 것처럼 보인다. 그렇다면, 변화된 정치가 이 영역 속으로 완전히 침투해 들어가면 성공적이고 지속적인 결과를 낳을 것이다. (사회운동이 이런 변화를 일부분 가져온 예들을 떠올려 보아도 좋다.) '시민사회' 개념은 계급 문제 말고도 다른 문제들이 존재한다는 것을

[1] 정치사회와 시민사회 비교는 3장 '강제와 동의'에서 더 자세하게 서술된다.

암묵적으로 받아들인다. 불평등한 사회를 유지하는 데에나 시민사회가 유용하다고 본 예전의 시각과 달리, 그람시는 "복잡하고 잘 발달된" 시민사회는 격변기를 거친 이후에도 필요할 것이라고 전망했다.

상부구조의 이론가

시민사회 개념의 강조는 그람시가 토대-상부구조 관계를 뒤집어 놓았다는 비판으로 연결된다. 상부구조가 사회를 유지하거나 변화시키는 의미와 가치가 창출되는 장소라면, 그람시의 논의는 경제보다 시민사회가 더 역사의 동력에 가깝다고 보는 주장이 아니냐는 것이다. 이탈리아 정치철학자 노베르토 보비오 Norberto Bobbio는 "그람시에게 토대는 더 이상 역사가 종속되는 계기가 아니라 종속적인 것"이라고 했다(Bobbio 1979 : 34). 보비오는 한 발 더 나아가 그람시가 문화제도보다 관념을 더 중요시한다고 비판한다. 그람시 이론에서는 이데올로기가 더 이상 지배계급의 '사후' 정당화를 위한 것이 아니라 '새로운 역사를 창조하고 새로운 권력을 함께 형성하는 힘'이기 때문에 관념론 전통과 합치하게 된다는 것이다(위의 책: 36).

어찌 보면 그람시의 독창성을 강조하려는 시도처럼 보이기도 하는 보비오의 주장은 구조주의적 마르크스주의자들의 전형적인 비판과 유사하다. 그람시는 불평등의 복잡한(혹은 구조적인)

구성 방식에 그다지 관심이 없고 단순히 토대와 상부구조의 관계를 역전시켰다는 비판이다. 그러나 그람시를 '상부구조의 이론가'로 치부하는 시각을 이렇게 반박해 볼 수 있겠다.

첫째, 다음 장에서 살펴보겠지만 그람시는 경제구조의 위기가 새로운 조직과 의식의 형성을 낳는다고 주장하는 정통파 마르크스주의자이다(물론 전자가 후자를 완전히 결정한다고 보는 것은 아니다). 더욱이 그람시는 마르크스의 《정치경제학 비판》 서문을 거부하는 입장과는 거리가 멀다. 자본주의는 스스로를 무너지게 만들 경제 조건을 계속 창출하고 있다는 말("인류는 스스로 해결할 수 있는 임무만을 수행한다")을 되풀이해 인용할 만큼 그는 마르크스의 논의를 기반으로 삼았다. 마르크스와 그람시는 둘 다 "사람들이 그 안에서 갈등을 인식하고 투쟁에 나서게 되는 정치적·종교적·예술적·철학적인 형태들"(Marx 1977: 389-90)을 생성하는 것은 바로 자본주의적 발전이라고 보았다.

둘째, 보비오는 상부구조에서 모든 창조적인 활동이 일어난다고 보면서 경제적 토대를 아주 제한된 방식으로 이해한다. 그러나 노동과 생산의 세계는 문화나 창의성에서 완전히 분리될 수 없다. 생산은 '문화적으로' 조직되며(노동 현장의 문화를 떠올려 보라), 상품의 디자인·구매·사용은 그 자체로 '문화적' 활동이다. 그람시는 생산이 그저 단조로운 기계적인 행위라고 생각하지 않았다. 그랬다면 공장 평의회를 지원했을까? 보비오 비판에 앞장선 자크 텍시에르는, 사람들의 창조성은 "그저 '정치적'이거나 상부구조적인 층위에서 이해되어서는 안 된다. 사회적 노동의 생산적인 힘의 발전에서도 창조성은 나타난다"고 했다(Texier 1979: 60).

셋째, 이 부분이 가장 중요하다. 보비오는 그람시 이론이 관념론이라고 비판하면서, 그람시가 토대와 상부구조는 일방적인 결정 관계가 아니라 순환하며 상호작용한다고 분명하게 밝힌 부분을 무시했다. 그람시는 토대와 상부구조가 '변증법적'이거나 '상호연관된' 관계를 가진다고 설명하면서 '역사적 블록historical bloc' 개념을 발전시켰다. 토대와 상부구조는 어느 한쪽이 다른 쪽을 결정하는 것이 아니라 서로 계속 영향을 끼친다. 그러니 이 책에서는 경제적 토대가 압도적으로 문화를 결정한다(차이를 규정하는 구조화된 불평등이 인종, 나이, 젠더, 섹슈얼리티에 기반한 여러 문화들을 완전히 결정한다)는 의견과는 거리를 둘 것이다.

반대로 문화적 실천이 토대에서 벗어난 완전히 자율적인 것이라고 생각하는 실수를 저지르지 않으려면, 후기 마르크스주의 사상가 루이 알튀세르(1918~90)가 토대로부터의 '상대적 자율성'이라고 부른 개념을 참고하는 것도 좋겠다. 그람시는 비교적 자율적인 문화 영역인 국민nation 문제에 특별히 주목했다. 국민은 그가 일생동안 펼친 여러 정치적·미학적 운동의 중심이었다. 뒤에서 이 문제를 다룰 것이다.

국민-민중, 그리고 '남부 문제'

국제주의적인 사고를 내세우는 많은 마르크스주의자들과 달리,

그람시는 국가와 지역 범주에서 문화와 정치문제를 제기했다. 그는 사르데냐 민족주의를 포기했지만 북부가 남부를 체계적으로 착취하고 있다는 판단은 버리지 않았다. 이 착취는 문화적 취향 문제로 표면에 드러날 때가 많았고, 그로 인해 남부가 열등한 문화를 가진 곳으로 부각된다는 것이 그람시의 생각이었다. 이탈리아가 정말 진보적인 나라가 되려면 북부의 산업과 문화를 전파하는 것만으로는 충분하지 않다. 가난한 남부도 있는 그대로 통합되어야 한다.

그러므로 '남부 문제'와 '국민-민중의 출현'이라는 그람시의 두 용어는 동일한 문제의 양면처럼 다루어야 한다. 현재의 세계화도 비슷한 문제를 안고 있다. 국가나 지역의 차이를 무시하는 세계화는 서발턴subaltern[2]이나 하층 민중의 마음과 정신을 사로잡지 못한다.

그람시가 남부 문제에 주목하게 된 데에는 한때 열중했던 언어학도 한몫을 했다. 그는 토리노대학에서 '신언어학파'에 속하는 바르톨리 교수의 지도 아래 사르데냐 언어를 연구 주제로 정했다. 신언어학파는 실증주의적인 '신문법학파'와 대립했다는 점

---

[2] 구하, 스피박 등의 연구로 21세기 인문사회 담론의 핵심 개념으로 자리잡은 서발턴이라는 용어를 처음 제시한 사람이 그람시다. 그람시는 《옥중수고》에서 프롤레타리아나 남부 농민 등의 종속계급을 가리켜 서발턴이라고 칭했다. 레닌을 '일리치'로, 마르크스주의를 '실천의 철학'이라고 불렀듯이 검열을 피하고자 프롤레타리아 대신에 서발턴이라는 말을 사용했다는 의견도 있으나, 서발턴의 범주가 단순히 노동계급에 한정되지 않는다는 점에서 서발턴은 그람시의 독특한 헤게모니/대항 헤게모니 개념과 밀접한 관계가 있다고 보아야 한다는 평가가 많다.

에서 그람시의 정치적 지향과도 비슷한 면이 있었다. 신문법학파는 예외 없는 법칙이 음성 변화를 지배한다고 보았고, 따라서 언어의 가장 높은 발전 단계를 보여 주는 특정한 발화가 존재한다는 생각이 당연한 논리적 귀결이었다. 반대로 신언어학파는 도시의 엘리트층 같은 지배적 언어 공동체가 지역 방언이나 도시 및 농촌 빈민들의 언어에 어떻게 영향을 미치는지를 설명해 주는 사회적 요소들에 주목했다. 프랑코 로 피파로(1979)에 따르면, 신언어학파들은 아주 놀라울 정도로 그람시의 헤게모니론을 예견했다. 언어 변화를 일으키는 요인은 강제보다는 오히려 선망에 가깝다는 것이 그들의 인식이었다. 그러나 통일 이후 이탈리아어는 진정한 국민언어로 자리잡지 못했고, 계속해서 지배계급의 '자산'으로 남았다.

이탈리아인 대부분은 '표준 이탈리아어'를 엘리트 계층에 속하는 것으로 보았고, 게다가 1923년에는 표준 이탈리아어 문법을 학교에서 가르치지 않는 새로운 교육정책이 도입되었다(그람시는 표준어의 존재를 인정하면서도 대중매체가 표준어를 전파하고 재생산하는 보완적이고 대안적인 역할을 수행할 수 있는지는 거의 언급하지 않았다). 그람시가 보기에, 이 정책은 방언을 쓰는 어린이들이 국민문화에 접근하는 길을 차단하고 학계나 관료직에 진출하는 길도 막아 기존의 불평등을 강화시킬 뿐이었다. 지역 언어만을 사용하는 사람의 지평은 언제나 그 주변 환경에 속박된다. "방언만을 말하거나 표준어를 제대로 이해하지 못하는 사람은 세계를 얼마간 제한적으로, 부분적으로 이해할 수밖에 없다"(1971: 325). 하지만 표준어만을 말할 수 있는 사람도 사투리 화자들과 소통하기 어렵다. 그렇다면 이들 간의 정치적 연대 형성은 불가능하다. 나디아 우르비나티에 따르면, "헤게모니 형성은 국민문화를 형성하는 여러 문화적 층위들과 소통해야만 가능하다. 헤게모니는 지식인층이든 남부 농민이든, 사회집단이 '좁은 영역'에 머물러 있지 않도록 견인하는 것을 목표로 삼는다"(Urbinati 1998: 151).

이 진술을 곱씹어 보면, 장애물은 언어 그 자체가 아니라 서로 다른 집단들 간의 의사소통 체계 전체라는 말이 된다. 그람시는 다양한 집단들 사이의 의사소통 실패가 이탈리아어에서만이 아니라 이탈리아 특유의 문학 및 대중문화에서도 엿보인다고 했다. 이탈리아는 로맨스, 스릴러, SF나 아동문학 같은 대중문학 장르를 발전시키지 못했다. 이 장르들이 이탈리아에서 유행하기는 했어도 프랑스어나 영어의 번역본인 경우가 많았다. 그람시는 이 현상을 이탈리아어에 대한 앞의 생각과 유사한 방식으로 설명한다. 이탈리아 문화사는 계급과 지역에 따른 구분으로 나뉘어 있다. 중세 이후 이탈리아에는 단테의 《신곡》(1306~1321)처럼 유명한 이탈리아어 문학 양식이 나타났다. 그러나 이는 엘리트 문화였지, 민중의 문학은 아니었다. 반면에 다른 유럽 국가들은 더욱 '국민-민중'적인 문학을 발전시켰다(그람시의 이 주장은 비판적으로 검토할 필요가 있다). 셰익스피어, 그리고 톨스토이와 도스토옙스키는 국민민중적 문화 생산의 좋은 예다. 이 작가들과 그 청중/독자는 세계를 같은 시각으로 바라

보았다. 이탈리아의 사정은 달랐다. 작가들은 '국민교육적'인 기능을 하지 못했다. "대중들의 감정을 일깨우고 사로잡은 뒤, 이를 정교하게 다듬지 못했다"(Gramsci, 1985 : 206-7).

그러나 이탈리아에는 대중소설과 비슷하면서도 탁월한 대중문화 양식이 있었다. 바로 오페라(특히 베르디의 대중 오페라)다. 그람시는 대중매체, 특히 음악에 대한 불신을 무심코 드러내긴 했지만 오페라가 민중들의 감정을 성공적으로 포착했다고 판단했다. 오페라의 '바로크'적인 양식은 "민중들이 살아오면서 또 교육 속에서 수준 낮고 열등하고 천하다고 받아들이게 된 것들로부터 탈출해, 위대한 감정과 고상한 열정이라는 엄선된 영역에 들어서는 수단인, 너무나 매혹적인 감정 표현과 연기 방식"을 담고 있다(위의 책: 378). 오페라와 대중가요는 문학적이지 않은 문화 형태이기 때문에 문맹자가 많은 남부에서 특히 인기가 높았다. 오페라는 '사고'의 영역보다는 '감정'의 영역에 가까우므로 그람시가 국민-민중을 구축해야 한다고 본 또 다른 영역인 민속과 아주 닮아 있다.

그람시의 민속 개념은 더 넓은 영역인 대중문화와 여러모로 상응하는 바가 많다. 대부분의 지식인들이 민속을 낡았다고 치부하거나 풍경화를 감상하듯이 바라보지만, 그람시는 민속을 세계에 대한 "공식적" 개념에 암묵적으로 대립하는 "세계와 삶에 대한 살아 있는 개념"으로 간주했다(위의 책: 189). 피지배층, 특히 읽고 쓰는 데 어려움이 있거나 문맹인 사람들은 그들의 세계 인식을 일반화할 수 있는 중앙지향적 제도(예를 들어 인쇄물)

를 접하지 못했다. 그 때문에 민속은 세련되거나 체계적이지 않고, 전통에 얽매여 있으며, 여러 층위에 흩어져 있다. 그러나 민속은 죽어 있는 것도 한계가 뻔한 것도 아니다. 새로운 과학적·사회적 해석이 일견 혼란스러워 보이는 이 영역에 개입해 들어갈 것이기 때문이다. 민속은 변화시키기 어려운 세계를 민중이 시야에서 놓치지 않도록, 다채로운 문화와 정서를 '끈질기게' 제공한다.

그람시의 목적은 단순히 민속이 인정받을 만하다고 주장하려는 것이 아니었다. 그는 하위집단 문화가 상당히 보수적이고 체념적이라는 것을 잘 알았다. 그는 "화석화된" 개념들을 "발전하고 있는 것, 그리고 지배층의 도덕률과 모순되거나 차이 나는 것"과는 구분해 다루자고 제안한다(위의 책: 190). 이렇게 해야만 농민과 지식인들이 서로 소통하면서 연합할 수 있다는 것이다. 이 일이 불가능하다면, 이탈리아는 "거대한 사회적 분열"을 계속 겪을 수밖에 없다. 지식인들은 농민들을 짐승만큼이나 교양 없는 "쥐어짜야 할 기계"로 취급하고, 농민들은 교육이란 지식인들이나 받는 교묘한 속임수라는 두려움에 계속 빠져 있을 것이다.

따라서 국민-민중을 만들기 위해서는 서로 연결된 두 가지 작업을 함께 진행해야 한다. 하나는 남부와 북부의 문화를 종합함으로써 '남부 문제'에 답하는 것이다. 이탈리아 고급문화의 우월함, 남부의 원시성이라는 가정을 버리는 것도 이와 관계 깊다. 두 번째 작업은 모든 민중 계급의 문화 안에서 세계에 대한 대안적 개념을 제공할 만한 잠재력을 지닌 어떤 조류를 발견해

내는 것이다. 문화운동은 민중이 떠맡아야 할 전위 운동 같은 것이 아니며, "민중문화가 후진적이거나 상투적이더라도 그 취향이나 경향, 그 도덕적·지적 세계까지 포함하는 민중문화 그 자체의 토양" 안에 뿌리내려야 한다는 것이 그람시의 생각이었다(위의 책: 102).

'국민-민중' 비판

그람시의 국민-민중문화 개념은 많은 비판을 받았다. 여기에서는 가장 중요한 두 가지 의견을 소개한다.

첫 번째는 그람시나 그람시의 노선을 따르는 사람들이 국민이라는 개념을 별다른 숙고 없이 받아들인다는 비판이다. 그람시가 논란의 여지가 많은 추정이라고도 할 수 있는 국민 개념을 재생산하는 것처럼 보이는 것도 사실이다. 이를테면 그는 이탈리아 표준어가 방언보다 "엄밀하게 보아 우월"하기 때문에 공통 언어의 토대가 된다고 썼다(1971: 39).

폴 길로이(1987)의 비판은 더 도전적이다. '국민-민중'이라는 용어는 국민 정체성이 인종적 함의를 지닐 때가 많다는 사실을 무시하면서 자주 사용된다는 것이다. 길로이는 1980년대의 영국을 분석하면서 영국 좌파가 영국적인 것이라는 관념을 보수당과 분리시키는 데에 실패한 것은 영국문화 안에 깊숙하게 자리잡은 국민 정체성, 백인우월주의, 인종차별주의 간의 연결을 깨닫지 못했기 때문이라고 주장했다.

길로이는 국민-민중 운동이 전형적인 민족 배타성을 갖고 있다는 점을 정확하게 지적했다. 제국주의를 겪으며 우리가 잘 알게 됐듯이, 국민-민중 개념은 곧잘 타자에게 강요된다. 그람시의 생각과 달리 민족자결 운동은 최근까지 맹위를 떨쳤다. 평화롭고 민주적으로 진행될 때도 있지만, 문화나 민족의 순수성을 폭력적인 방식으로 추구할 때가 많다. 그람시의 사회주의적 국제주의는 새로운 '거대한 분열'로 향하는 이 움직임을 포착하지 못했다.

그러나 국민국가 건설이 실제로 작동하는 방식을 비판하는 논리는 그람시의 주장 자체를 비판하는 데까지는 이르지 못한다. 그람시는 국민의 이름으로 자행되는 차별을 파헤치고 극복하려고 했기 때문이다. 그람시에 따르면, 이탈리아 국민국가는 척박한 남부문화를 대타항對他項으로 상정하는 방식으로 건설되었다. 국민국가운동이 있는 그대로의 정체성을 받아들이는 적극적인 개념 속으로 모든 민중 계급과 집단을 통합하지 못한다면, 이 운동은 성공할 수 없다. 그는 차이를 국민-민중의 적극적인 구성 요소로 인식하며, 민족 순수성 개념에 저항했다(그람시가 알바니아계 조상을 둔 사르데냐 출신 이탈리아인이라는 사실도 이렇게 보면 그리 놀라운 일이 아니다).

'국민-민중'에 대한 두 번째 주요 비판으로는 데이비드 포각스의 논의를 들 수 있다. 포각스는 그람시의 연구가 방법론적 차원을 그다지 고려하지 않았다고 평했다. "애초에 다른 세력이나 운동의 동의를 어떻게 얻을 것인가? 일단 성공한 뒤에는, 서로 경쟁하는 여러 이해관계들이 분열을 가져오는 것을 어떻게 막을 수 있을 것인가?"(Forgacs 1993: 189). 그람시가 여러 집단들의 동의를 유지하는 방법을 명확하게 언급한 적은 없다. 하지만 앞에서 보았듯이, 민중문화의 '취향과 경향'을 민감하게 받아들이지 않는다면 국민-민중 운동은 실패할 것이라고 적었다. 예를 들어, 1999년에서 2000년으로 넘어갈 때 개관한 밀레니엄 돔 건설을 적극 지원한 영국 노동당은 대중 취향을 전혀 고려하지 않은 '국제주의'에 사로잡혔다는 비난을 들어야 했다.

그람시가 설명하지 못한 것은, 중앙 권력을 쥔 정치세력이 앞으로 취해야 할 행동이 무엇인지보다도, 진정한 변화를 가져온 것처럼 보인 어떤 사건이 왜 변화를 지속시키지 못하는가 하는 문제이다. 그런 일시적인 '국민-민중'의 예로 1998년 월드컵을 들 수 있다. 프랑스는 인종 갈등이 점증하는 상황에서 월드컵을 개최했다. 인종주의를 내세우는 국민전선Front National(FN)은 이 갈등을 부추겼다. 프랑스팀의 절반은 외국계 혈통이었다. 그라운드의 마법사로 불린 지네딘 지단도 프랑스의 알제리계 출신이었다. 결승에 오른 프랑스팀은 예상을 깨고 강팀 브라질을 대파하면서 우승컵을 들었다. 이 결과는 백인, 흑인, 북아프리카계 간의 민족 갈등을 극복한 '무지개 국가'로의 통합을 상징했다. 우파 대통령 시라크가 '삼색기와 다인종' 팀에 경의를 표한다면서 월드컵 우승을 정치적으로 이용한 것처럼 미디어와 정치적 기회주의가 이를 부채질한 면도 있지만, 진정으로 민중적인 어떤 조류가 존재했던 것도 사실이다. '순수한 프랑스인 팀' 운운한 국민전선은 엄청난 질책을 받았다. 그러나 이 사건을 기화로 형성된 긍정적인 감정은 프랑스적인 것을 새로운 개념으로 내놓지 못했다. 승리가 만든 화해는 어디론가 사라졌다. 2002년 대통령선거에서 국민전선이 약진했고, 2004년에는 공립학교에서 무슬림이 머리에 쓰는 스카프 착용을 금지하면서, 프랑스는 더 강화된 인종 긴장을 겪어야 했다.

따라서 '국민-민중' 기획은 아무것도 보장해 주지 않는다. 우리는 어느 정도의 기간 동안은 소수의 블록이 헤게모니를 갖게 된다는 사실을 받아들여야 한다. 다음 장에서는 동의가 갖는 불안정성을 논의해 보자.

토대와 상부구조를 매개하는 시민사회 그리고 '국민'

이 장에서는 경제적 토대가 이데올로기적이고 문화적인 상부구조를 결정한다는 개념을 그람시가 어떻게 문제 삼았는지를 살펴보았다. 그는 토대와 상부구조의 관계가 상호연관되어 있고 역동적이라고 보았다. 시민사회는 여기에서 중요한 매개 역할을 한다. 보수 혹은 변혁운동 모두 시민사회의 기능에 기대어 사람들의 의식과 일상생활을 장악하려고 한다. 사회 변화는 모든 사회적·문화적 제도에 걸쳐 오랫동안 진행되는 협상을 필요로 한다. 이 장의 후반부는 시민사회의 기획에서 중요한 역할을 하는 국민에 초점을 맞추었다. 서발턴과 하위집단의 문화적 특수성을 무시하지 않으면서 이들을 더 폭넓은 문화적·정치적 맥락으로 끌어들이기 때문에 그람시의 국민-민중 이해는 아직까지도 유효하다.

제 3 장

헤게모니

Antonio Gramsci

이 장에서는 그람시 사유의 중핵에 자리하는 헤게모니 이론을 분석한다. 러시아와 이탈리아에서 쓰이기 시작한 이 용어는 그람시를 만나 문화 및 정치적 지도력을 가리키는 개념으로 발전했다.

앞 장에서 다루었듯이 그람시가 헤게모니에 주목한 것은 마르크스주의적인 이데올로기 해석과의 균열을 의미한다. '지배'는 권력작용에서 하위집단들이 수행하는 적극적 역할을 인식하지 못하게 하는 말이지만, 헤게모니는 '지배'보다 훨씬 민감하고 그래서 유용한 비평 용어다. 그람시는 헤게모니 과정의 여러 계기들을 구별하면서 헤게모니를 정의했다. 따라서 우리는 강제와 동의, 지배와 지도력, '상식'과 '양식', '제한된' 헤게모니와 '확장된' 헤게모니 등의 구분을 주의 깊게 살펴보려고 한다. 이 세부 사항들이 정치적·문화적 권위라는 미묘한 개념을 어떻게 구축해 나가는지를 보여 주기 위해서다.

그람시 이론을 적용한 여러 연구들에서 헤게모니는 가장 두드러지고 또 그만큼 논쟁적인 용어였다. 때문에 뒤에 이어질 두 장에서는 그람시의 사고에 바탕하여 문화권력의 역동적이고 상호연관적인 성격을 이해하려고 한 인문학과 사회학 분야의 사례연구들을 소개한다. 계급이론에 치중하는 경향이 있긴 하지만, 이 연구들은 젠더와 인종 등 다른 사회적 구별에 대한 분석에서도 헤게모니 이론이 얼마나 유용한지를 보여 줄 것이다. 이번 장에서는 헤게모니 개념의 계보와 그 의미에 대한 논쟁, 그리고 헤게모니가 조화시키려고 한 대립 지점들을 드러내고자 그람시가 살아 있을 당시를 주로 다룬다.

헤게모니의 기원

그람시의 정치와 문화 사상은 패배의 시기에 형성되었다. 유럽의 노동자 봉기들은 진압되었고, 공장 소유주, 이탈리아 국가, 파시스트에게 대항한 이탈리아 노동계급운동도 실패로 돌아갔다. 그람시는 그 원인을 노동계급이 농민과 지식인 등 다른 하위집단들과 결속하지 못한 데에서 찾았다. 연대가 이루어지면 이들을 다른 집단으로 갈라놓는 상호 몰이해와 적대감을 극복할 수 있을 것이다. 파시즘을 물리치고 사회변혁을 성취할 진정한 대중적 국민 조직이 출현하려면 심각한 분열부터 해소해야 한다. 그러나 이 연대는 동등한 무게를 갖는 집단 간의 동맹은 아니다. 산업노동자 계급은 이데올로기적 수단을 활용해 연대세력(더 정확하게 말하자면 서발턴subalterns)을 이끌고 진보운동의 중심을 형성한다. 이것이 그람시가 말하는 '헤게모니'에 대한 가장 단순한 설명이다.

그람시가 헤게모니라는 말을 만든 것은 아니다. 헤게모니는 러시아 사회주의운동에서 오랫동안 사용되었고, 레닌은 이를 새롭게 이론화하기도 했다(아래 박스 참조). 아마도 그람시는 모스크바에 체류할 당시 이 용어를 둘러싼 논쟁을 접했을 것이다.

그람시는 일리치(그는 《옥중수고》에서 레닌을 이렇게 불렀다)가 "헤게모니의 개념과 실제"에 큰 공헌을 했다고 적었지만(1971: 381), 사실 레닌은 '헤게모니'라는 말을 잘 쓰지 않았다. 그람시의 의도는 세 가지로 짐작해 볼 수 있다.

첫째, 레닌은 점점 커지는 경제적 '모순'이 반영되면 혁명이 저

레닌

블라디미르 일리치 울리야노프, 혹은 레닌(1870~1924)은 러시아 사회민주노동당의 분파인 볼셰비키를 만들었다. 볼셰비키는 이후 러시아 공산당이 되었다. 망명 중이던 레닌은 1917년 귀국하여 트로츠키(1879~1940)와 함께 10월혁명을 이끌어 차르 니콜라스 2세의 퇴위 후 세워진 임시정부를 전복시켰다. 레닌은 1918년부터 1920년까지 이어진 내전에서 승리하고 재건정책을 지휘했다. 사실상 독재자에 가까웠던 레닌은 공산당 내부의 반대파를 침묵시켜 스탈린 시기에 행해진 체계적 억압의 토대를 마련했다. 그는 규율이 잘 잡힌 혁명당의 건설부터 제국주의와 식민주의의 의미 문제까지 폭넓게 다루면서 이론가로서도 중요한 유산을 남겼다. 주요 저작으로는 《무엇을 해야 할 것인가?》(1902), 《사회민주주의의 두 가지 전술》(1905), 《국가와 혁명》(1917), 《좌파 공산주의라는 소아병》(1920) 등이 있다.

절로 일어난다고 보지 않았고(실증주의에 입각한 이 잘못된 인식을 '경제주의'라고 불렀다), 그 대신에 "문화적 투쟁의 전위"를 내세웠다.

둘째, 레닌은 부르주아들이 그들의 적들 못지않게 헤게모니 투쟁에 힘을 쏟는다고 보았다. 부르주아들이 노동계급의 관념과 제도를 통제하여 노동계급을 주도하려 한다는 것이다. "노동계급은 자발적으로 사회주의를 지향한다. 그러나 가장 널리 퍼져 있는 (계속 다양한 형태로 되살아나는) 부르주아 이데올로기도 노동계급에 자발적으로 덧씌워진다"(Holst 1999: 414에서 재인용). 물론 러시아에는 부르주아 이데올로기를 퍼뜨리고 안착시킬 서구 자본주의의 발전된 시민사회가 없었다.

셋째, 레닌은 모름지기 혁명당이라면 '모든' 피지배집단의 투쟁을 지향해야 하며, 산업노동 계층의 경제투쟁에만 매몰되어서는 안 된다고 주장했다. "모든 계급과 계층과 국가와 정부 사이의 관계, 모든 계급 간의 상호연관된 영역"을 이해해야만 노동계급이 받는 압제를 이해할 수 있다는 것이다(위의 책: 416). 1917년 즈음의 러시아 상황에 대입해 보면 이는 산업노동자층, 토지분배를 꿈꾸는 농민층, 평화를 원하는 병사들, 러시아의 지배에서 벗어나려는 우크라이나, 핀란드, 라트비아 같은 나라들 등의 불만과 바람을 한데 묶어 내는 일을 의미했다.

분명히 그람시는 어느 정도 '레닌주의자'였다. 무엇보다 그는 정치집단이 연대 관계에 있는 집단들을 교육하는 역할을 맡아 노동계급의 지도력을 공고히 해야 한다고 주장했다. 특정 조건 하에서 당은 자기 집단과 다른 집단 간의 이해관계를 조정해야 한다. 그리하여 "연대하는 집단의 동의와 조력을 받으면서 자신들이 대표하는 집단의 발전을 도모해야 한다"(1971: 148).

하지만 그람시는 레닌의 헤게모니 개념을 그대로 따르진 않았다. 리처드 벨라미(1994)는 헤게모니 개념이 19세기 이탈리아 사상사, 특히 온건파 가톨릭 철학자 빈센초 조베르티의 글에 뿌리를 두고 있다고 지적했다. 조베르티는 한 나라 안에서도 어떤 지역이 다른 곳에 '도덕적 우월성'을 전파할 수 있다고 했다. 이 주장은 피아몬테 왕정의 주도로 진행된 이탈리아 통일을 정당화하는 면이 있지만, 헤게모니 개념을 국민-민중문화의 발전과 연결시키기도 했다. 그람시는 이런 언급을 남겼다. "조베르티는 희미하게나마, 정치적 헤게모니에 관한 자코뱅(아래 박스 참조)의

자코뱅주의Jacobinism

자코뱅은 프랑스혁명 시기의 부르주아 급진파를 말한다. 막시밀리앙 로베스피에르(1758~94)의 지도 아래 의회를 장악한 자코뱅은 '공포정치'를 펼친 것으로 유명하다. 그람시는 자코뱅 또는 자코뱅주의라는 말을 자주 썼지만 그 의미가 일정하지 않다. 《옥중수고》 이전에는 좌파에게 나타나는 추상적 접근 태도나 엘리트주의를 가리켜 자코뱅주의라고 할 때가 많았다. 하지만 《옥중수고》에서는 당이 민중 계급들을 이끌 때 나타나는 광범위한 헤게모니를 가리켜 자코뱅주의라고 했다. 그람시의 말을 빌리면, "자코뱅은 부르주아들이 지배계급이 되는 선에서 멈추지 않고, 부르주아들이 지도력을 발휘하고 헤게모니를 가진 계급으로 자리잡은 부르주아국가를 창설했다. 다시 말해, 새로운 국가의 지속적 기반을 만들고 근대 프랑스 국가를 압축하여 보여 주었다"(1971: 79). 이 평가에는 논란의 여지가 있다. 자코뱅은 강압에 의존해 중앙집권화된 행정 기구와 군대를 만들었기 때문이다.

'국민-민중' 개념, 즉 부르주아 지식인과 민중의 연대를 인식하고 있었다"(1985: 248). 조베르티는 이탈리아 역사에서 헤게모니의 계기들을 찾아냈다. 그람시의 헤게모니는 조베르티와 비슷하게 한편으로는 혁명적인 민중 연대를 구축하려는 정치적 도구였지만, 다른 한편으로는 과거에 헤게모니 블록을 형성하려 한 여러 집단의 전략을 평가할 수 있게 하는 역사적·문화적 분석 도구이기도 하다.

따라서 그람시의 헤게모니 이해는 이 말의 지역적 용법과 국제적 용법, 둘 다에서 영향 받은 결과라고 볼 수 있다. 그러나 그는 다른 이들의 헤게모니 이해를 그대로 받아들이지 않고, 앞 장에서 논의한 진지전, 시민사회의 역할, 남부 문제 등 천착해야 할 지적 책무를 다하기 위해 자신만의 독특한 해석을 더했다.

헤게모니 개관

그람시가 헤게모니 개념을 역사적·정치적 분석 도구로 어떻게 활용했는지 관찰하고 평가해 볼 차례다. 앞서 보았듯이 그람시는 시기나 주요 관심사의 변화에 따라 이 용어를 다른 의미로 썼으나, 체포되기 전에 쓴 마지막 글인 〈남부 문제의 몇 가지 측면〉은 헤게모니의 본질을 분명하게 보여 준다.

노동계급은 "자본주의와 부르주아국가에 저항하는 노동인구의 다수를 동원시킬 계급동맹 조직에 성공해야만 지도력을 발휘하는 우세한(즉, 헤게모니를 지닌) 계급이 된다"(Gramsci 1994: 320). 이탈리아 사회의 역사적 발달 양상을 고려할 때, 투쟁은 그저 계급투쟁이어서는 안 된다. 노동인구에 속하는 여러 집단, 특히 농민층을 이끌려면 노동계급운동은 농민층이 문화적으로 중시하는 지점들을 이해하고 자기 문제로 받아들여야만 한다. 그람시는 남부 문제와 가톨릭교회의 역할을 예로 들었다. 이 문제들은 농민들이 경험하는 가장 큰 제약이므로, 산업노동 프롤레타리아들은 농민층의 요구를 받아들여 함께 불평등에 저항해야 한다.

이는 하위 동맹 집단을 지배하라는 뜻과는 거리가 멀다. 헤게모니의 성공은 스스로를 완전히 바꿔야 가능하기 때문이다. 표를 얻으려고 다른 집단의 욕망을 대변한다든가 선거에서 더 큰 지지를 받고자 특정 이슈를 선택하는 것과 다를 바 없지 않느냐며 냉소적으로 받아들일 문제는 아니다. 진정한 헤게모니 집단이나 계급은 서발턴의 세계관 상당 부분을 자신의 것으로 받아들여야만 한다. 이 과정에서 지도적인 집단은 그 한정된 분파주의(그람시의 표현으로는 '조합주의')를 더 넓고 보편적인 호소로 바꾸면서 자기를 변화시킨다. 노동자들이 지도력을 획득하려면 금속 노동자나 목수라는 제한에 갇히지 말고,

> 농민과 지식인을 이끌어야 한다는 목표를 가진 노동자라고 여겨야 한다. 사회계층 다수가 지지하고 따르는 계급만이 사회주의 건설을

성공시킬 수 있다(Gramsci 1994: 322).

여기서 지도력이 의미하는 바가 분명하지 않다는 것이 다음에서 논의할 여러 문제 지점들을 낳는다.

첫째, 지도 계급은 선택하고 집단적 행동을 하는 힘, 즉 행위능력agency을 갖는다. 지도 집단에 속해 있는 사람들은 이데올로기 작용이나 구조적 속박에서 벗어나 상황을 있는 그대로 볼 줄 아는 감식안을 지닌 것처럼 그려진다.

둘째, 서발턴 집단의 문화와 진정으로 결합한다는 것은 그들의 관습이나 가치를 자신들에게도 가치 있는 것으로 진지하게 받아들인다는 말이지만, 그 결과가 언제나 진보적이지는 않다. 예컨대 그람시는 가톨릭교회가 농민들의 일상을 지배하는 주요 제도이자 이념이라고 했다. 그람시는 무신론자였지만 교회가 무조건 반동이라고 보지는 않았다. 그는 사회주의운동을 시작할 때부터 이탈리아인 대부분이 신자라는 것을 잊지 않고 분별없는 반종교주의를 거부했으며, 교회 활동가들과도 연락을 유지했다. 〈남부 문제의 몇 가지 측면〉에서는 이탈리아 교회 자체가 지역에 따라 나뉘어 있다고도 했다. 남부에서는 사제들이 중산층 지주에 속해 봉건적 억압의 일부이기도 하다. 북부에서는 교회가 국가에 대항하는 민주적·윤리적·정신적 기반을 제공하는 전혀 다른 역할을 하기도 한다.

독자들은 현재도 불편한 동거를 하는 정치집단들이 있는지, 그렇다면 어떤 전략으로 접근했길래 그런 연대가 가능했는지

분석해 보고 싶을 것이다. 2003년 영국에서는 이라크 침공에 반대하는 반전 연대가 형성되었다. 세속적 좌파들과 무슬림들이 일시적이나마 힘을 합쳤다. 동성애자 및 여성 권리 신장을 위해 노력한 좌파의 대의명분을 무슬림이 훼손할 것이라는 염려와, 이슬람 사회의 보수주의가 반전 연대를 막는 핑계가 되어서는 안 된다는 주장이 충돌하면서 큰 논쟁으로 번졌다.

셋째, 이렇게 질문해 보자. 서발턴은 지배집단의 세계관을 얼마나 받아들일까? 지도하는 집단이 자신들이 이끌고 있는 집단에게 경제적으로든 이데올로기적으로든 너무 많은 양보를 할 수밖에 없게 된다면? 서발턴 집단이 스스로 헤게모니 투쟁을 이끌고 프롤레타리아나 부르주아 같은 '기본' 계급의 권위에 도전하기에 충분한 행위능력을 발전시킨다면?(그람시는 "서발턴들 중 어떤 부류는 지도력을 발휘하고 책임을 질 만큼 성숙하다"고 관찰한 바 있다) 이런 상황이 발생하고 긴 진지전 시기가 지나면 지도력을 발휘했던 집단이 더 이상 인정받지 못하게 될 것이다. 오늘날 사회주의 정당들은 폭넓은 좌파 연합을 이끄는 경우가 많다. 페미니스트, 동성애자 인권 운동가, 소수민족 운동가, 환경주의자들이 여기에 속한다. 그러나 이 다양한 이해관계 중에서 계급 개념이 계속 우월성을 유지하기란 녹록치 않다. 이제 사회주의는 여러 대안 중 하나로 보이기 시작했다. 동등한 위상을 갖는 무지개 연합의 일원이 되고 있는 것이다.

게다가 정치집단이나 정당들은 피지배층만을 상대하는 것도 아니다. 미국의 민주당이나 영국 노동당은 사업가들이나 중산층의 표를 얻으려고 노력하면서, 헤게모니를 발휘하려고 하는 바로 그 대상들의 관점을 받아들였다는 비난을 받고 있다. 헤게모니 블럭이 되려다가 다국적 자본주의와 중산층 보수주의가 헤게모니를 잡은 블록의 일원이 되고 마는, 일종의 변형주의를 겪고 있다는 것이다. 특정 지역이 다른 지역들을 앞장서서 선도하려다가 그 헤게모니가 뒤집히는 현상도 나타난다. 서발턴 지역(정확히 말해서 서발턴 지역의 엘리트층)이 그 내부에서 자체적인 헤게모니를 행사하기도 한다. 영국의 지역 정부, 미국 남부, 스페인의 자치지역 정부, 이탈리아 남부 등이다.

사실 그람시는 '기본' 집단들이 지도 대상으로 보는 집단들의 헤게모니적 행동을 제어하거나, 헤게모니적 '팽창'을 제약할 수 있는지에 대해 명확한 답을 내놓지 않았다. 이 문제가 이론적으로 분명하게 해결되지 않았다는 사실은 아래 인용할 대목에서도 잘 드러난다. 그람시가 '경제주의'에 근거해서 진술하는 흔치 않은 부분이기도 하다. 그에 따르면 "헤게모니가 행사될 집단들의 이익이 충분히 설명되어야" 하며, "지도 집단은 경제적-조합적 이익을 희생해야만" 한다. 그러나 "그런 희생과 절충은 본질을 건드리지 못"하며, 이 본질이란 "경제활동의 중핵 속에서 지도 집단이 행사하는 기능"을 뜻한다(1971: 161).

그람시에게서 보기 드문 경제환원적 설명 방식이기는 하지만, 어쨌든 여기에서 낙관적인 전망이 가능한 것은 바로 다른 집단의 요구를 수용할 태세를 갖춘 헤게모니 블록이 존재한다는 판단 때문이다. 동의를 요구하면서도 상대 집단들의 열망이 성취

되지 못하게 막는 지배집단은 결국 살아남지 못할 것이다. 그람시에 따르면 헤게모니 과정에서 서발턴은 '사물'에서 '역사적인 인물'로, '주인공'으로 변하고, 지배 세력에게 이데올로기적으로 지배당하는 대중문화 영역에서 강력한 대항마로 등장한다. 헤게모니 집단이 그 지도력에 대한 도전에 응답해야 한다는 주장은 그람시가 지닌 민주주의 의식의 증거다. "적극적이고 직접적인 동의"는 "모두의 참여"를 의미한다. 설사 "분열이나 큰 소란을 낳더라도" 말이다(Buci-Glucksmann 1982 : 119).

서발턴들의 열망이라는 주제는 네 번째 문제로 시선을 돌리게 한다. 헤게모니는 끝이 없는 과정이다. 그 권력을 유지하기 위해 지도 집단은 서발턴들의 변덕스러운 요구에도, 자신들의 권위가 행사되는 맥락의 변화에도 끊임없이 주의를 기울여야 한다. 그람시는 이렇게 정리한다. 권력을 얻기 전에 지도력을 발휘해야 하나, 권력을 획득한 뒤에도 그들을 "이끄는" 일은 마찬가지로 계속되어야 한다(1971: 58).

다섯 번째, 어느 정도 심리적인 질문을 던져 보자. 왜 사람들은 다른 사람들의 리더십을 받아들이는 것일까? 왜 헤게모니 블록의 세계관이 근본적으로 자신들의 것이라고 생각하는 것일까? 이렇게 답변해 볼 수 있다. 헤게모니는 단순히 의미와 가치의 문제가 아니다. 헤게모니는 경제적·물질적·법적-정치적 형식이다. 지배 세력은 피지배층들이 충분히 먹고, 직장에서 임금을 받으며, 의료보험에 들고, 보육 시스템을 이용하고, 휴일을 향유할 수 있다고 보증해 준다. 피지배층의 마음과 정신을 사로잡기 위해 오랫동안 공을 들이는 것이다. 마찬가지로 의회 민주주의는 다양한 권리를 인정하고, 투표를 허용하며, 정기적으로 정부를 바꾸고, 선거에 출마하게도 해 주면서 피지배층에게 상당한 법적-정치적 자율성을 부여하는 것처럼 보인다. 테리 이글턴은 "그런 사회들의 정치형태가 갖는 특징은, 사람들이 스스로를 통치한다고 믿는다는 것"이라고 했다(Eagleton 1991: 112). 다른 사회형태들도 비슷한 환상을 만드는지는 더 따져 볼 문제이긴 하나, 확실히 이글턴의 말은 헤게모니의 제도적 차원을 주목하게 한다.

헤게모니의 '이데올로기적' 작용 아래에 있는 여러 조직들도 의미와 가치의 전파에 기여한다. 우리는 앞 장에서 권위를 유지시키는 핵심 메커니즘이 시민사회이며, 시민사회는 정치적 권위와 일상생활의 구분을 아주 효과적으로 불분명하게 한다는 그람시의 주장을 정리해 보았다. 집에서, 레저 활동 중에, 상점에서 일어나는 일들은 대부분 비정치적으로 보인다. 물론 어떤 사상을 받아들이기 위해 사도 바울처럼 잠깐 두 눈이 머는 극적인 일을 겪어야 할 필요는 없다. 이데올로기는 살아 있는 현실 구조 안에 이미 깊숙히 들어와 있기 때문이다.

어느 정도 무의식적이고 집단적인 이 행동 양식들을 사람들이 지배권력에 조종당한다는 증거로 삼지 않았다는 점에서, 그람시는 다른 당대 사상가들과 명확하게 구별된다. 독일의 마르크스주의 사상가인 테오도어 아도르노(1903~1969)와 막스 호르크하이머(1895~1973)는 대중문화가 자본주의의 힘과 대중들의 무

비판적 순응을 보여 주는 증거라고 여겼지만, 그람시는 모두가 대중의 일부분이라고 보는 반엘리트주의적인 입장에 섰다. "우리는 모두 무언가에 순응하는 사람들이다. 우리는 언제나 군중 속의 사람이고 집단적인 인간이다"(1971 : 324).

순응주의의 여러 역사적 형태 속에서 포착한 사상의 긍정적이거나 부정적인 경향과 양식을 파악하는 것이야말로 그람시의 과제였다. 일상에서 자동차가 하는 역할을 예로 들어 보자. 자동차산업은 자본주의 경제의 핵심 분야다. 대부분의 사람들은 차를 소유하는 사람들이 늘어날수록 환경에 부정적인 영향을 끼치고 도로에서 다치는 사람도 많아진다는 명제에 동의할 것이다. 그러나 선진국에 사는 사람들은 상당수가 계속 차를 사용하며, 다른 교통수단을 권해도 마뜩잖아 한다. 이 현상은 자동차 제조사들이 대중에게 강요한 가짜 관념이나 사람들의 이기주의 때문만이라고는 할 수 없다. 자동차는 시민사회에 흩어져 있는 여러 제도들—마트, 따로 떨어져 사는 가족, 학교, 병원, 분산된 사회 네트워크 등 우리가 사는 세계의 풍경을 이루는 것들—에 곧장 접근하게 해 주는 기술이다. 자동차는 이동성이 갖는 이 본질을 '자유롭게 선택'한 결과이며, 사람들의 관계를 사랑과 배려로 단단하게 묶어 주는 수단이기도 하다.

그람시의 헤게모니 개념에서 마지막으로 주목해 볼 문제는 강제성이다. 헤게모니 집단은 자신들의 문화적·정치적 프로젝트에 동화될 수 없는 집단을 어떻게 처리하는가? 헤게모니 블록은 동맹 세력을 '이끄는' 한편, "반대 집단을 '지배'하고, '없애 버리'거나 무력으로 복속시킨다"(1971: 57). 그렇다면 그람시의 헤게모니 개념은 강제와 동의 중 어느 편에 가까울까? 다음 절에서는 그람시가 현대사회에서는 동의 쪽이 중요하다고 본 결정적인 이유가 무엇인지 알아본다.

강제와 동의

《옥중수고》에서 그람시는 공산당의 전략과 르네상스 시기의 정치 이론서인 마키아벨리의 《군주론》(아래 박스 참조)을 간접적으로 비교한다. 공산당은 이탈리아 국민 생활에서의 대중적 흐름을 통합하는 '현대의 군주'가 되어야 한다고 주장했다.

마키아벨리의 '이중적 관점'을 언급하는 《옥중수고》의 한 대목에서, 그람시는 폭력과 동의를 결합하는 리더십을 인정한다. 이 두 가지가 한 집단의 권력 행사에서 각기 다른 시기에 등장하는 것이라는 생각은 받아들이지 않았다(조금 다른 문맥에서, 지배 형태가 결정적으로 잔인하게 변하는 시기에는 '폭력의 순간'이 존재한다는 언급을 하기는 했다). 이렇게 보면 그람시가 강제와 동의의 분할불가능성을 이야기하고자 마키아벨리를 인용했다는 사실을 알 수 있다.

동의가 시민사회 속에서 만들어지는 것이라면, 강제는 그람시가 말한 '정치사회political society'의 몫이다. 그는 정치사회가 특정 시기 동안 동의에 가담하지 않은 집단에게 법적으로 가하는 징벌 기구이자, 동의가 깨진 시기에 사회 전체를 통어하는 지배 기구라고 규정한다. 이 말은 결국, 헤게모니의 문화·경제·정치적 측면들은 항상 폭력 위협에 기반하고 있다는 뜻이 된다. 어떤 정치 상황에서는 이 분석이 의심의 여지 없는 진실이겠으나 (경찰과 시위대가 폭력을 쓰면서 대치하거나, 다른 민족 집단끼리 폭력 충돌을 벌이는 경우), '모든' 헤게모니 과정을 강제와 동의라는 이원론으로 보아야 할지는 의문이다. 그람시가 이 구분을 일관되

마키아벨리

외교관이자 정치가였던 니콜로 마키아벨리(1469~1527)의 이름은 이제 정치 책략과 동의어로 쓰이지만, 그람시와 무솔리니는 둘 다 마키아벨리의 논의를 핵심 전거로 삼았다. 마키아벨리의 주요 저작인 《군주론》은 1513년 당시 피렌체를 통치하던 메디치 가문의 호의를 얻고자 집필되었다. 이 책의 주장에 따르면, 군주는 자기 영토를 확실하게 통제해야 하며 그 목표를 달성하기 위해서는 어떠한 수단이라도 활용해야 한다. 그람시는 마키아벨리의 삶과 저술에서 자신과 유사한 지점들을 발견했다. 외부 침략과 내부 분열의 시기에 쓰인 《군주론》은 이탈리아 통일을 염원하며 끝을 맺는다. 《로마사 논고》(1517)는 국민주의적 이상론을 받아들여 정치에 적극적으로 가담하는 시민을 내세웠으며, 《전쟁론》(1520)은 외국 용병 대신 시민병을 양성해야 한다고 주장했다. 그람시는 마키아벨리가 '자코뱅을 선취'한 사람이며 '완벽한 정치인'이자 '혁명가'라고 극찬했다. 농민들이 국민으로서의 삶 속으로 들어가야 한다는 점을 깨달아 르네상스가 대중문화운동이 되도록 도왔다는 이유였다.
마키아벨리는 성공적인 통치자가 되려면 민중의 가치에 호소하는 일과 폭력적인 방법으로 지배하는 일을 겸해야 한다고 했다. 그는 군주를 신화 속에 등장하는 반은 인간, 반은 짐승인 켄타우로스에 비유했다. 통치자는 "인간적인 수단을 적절하게 활용할 때만큼이나 능숙하게 짐승을 흉내 낼 줄 알아야 한다"(Machiavelli 1988: 61).

게 유지하지 않는다는 것은 그가 강제/동의를 나란히 세우는 데에 어려움을 겪었다는 방증이다. 이렇게 생각하는 이유를 두 가지로 정리하면 다음과 같다.

첫째, 강제와 동의라는 대립은 흔들리기 쉽다. 현대사회에서 강제 기구에 해당하는 경찰, 법원, 군대는 대부분 높은 수준의 동의와 함께 작동한다. 이를테면 영국에서 사람들은 경찰 수를 줄이자고 하기는커녕 더 많은 경찰 배치를 요구할 때가 많다. 시민사회 안에서 친절한 경찰 이미지가 생산·유통되고 있는 것도 그 이유 중 하나일 것이다. 비슷한 예로, 2004년 영국 신문 《데일리 미러》가 영국군의 이라크전쟁 포로 학대를 보도하자 분노한 시민들의 요구로 신문사 편집국장이 사퇴한 사건을 들 수 있다. 군대는 영국 국민의 삶에서 합의된 권한을 행사했을 뿐인 것이다. 중도좌파 신문 《옵저버》에 실린 한 영국군 장교의 주장은 도덕적·지적 리더십이라는 그람시의 헤게모니 개념을 떠올릴 수밖에 없게 한다. "리더들의 임무는 목표를 정하고, 전체의 도덕적 관계에 기반하여 동의를 얻은 다음, 실행하도록 지시하는 것이다"(Hutton 2004: 36).

그람시도 강제와 동의가 명확하게 구분되지 않는 지점이 많다는 인식을 간혹 드러낸다. 앞에서 보았다시피 그람시는 헤게모니를 장악하려는 평화로운 투쟁을 '진지전'이라고 부르고, 시민사회를 참호에 비유했다. 동시에 서발턴 집단이나 개인들이 강제력 사용에 능동적으로 동의해야 하며, 이들은 문화적 가치를 통해 동의를 표한다고도 했다. "어떤 개인이 자기 몸을 지켜야만 하는 상황이 많으면 많을수록, 문명이나 인간애 같은 복잡한 상위 가치를 인정하고 받아들이는 일도 늘어날 것이다"(1971: 170).

강제와 동의가 나란히 헤게모니를 구성한다는 시각에 반대하는 두 번째 이유는, 현대 민주주의국가에서 둘 사이의 균형이 강제력 사용의 반대편으로 눈에 띄게 기울고 있기 때문이다. 정부는 이데올로기적 신용을 잃을 심각한 타격을 감수하면서까지 반대파에게 강제력을 행사하려고 하지 않는다. 예를 들어, 정부에 불편한 뉴스 보도를 강제로 틀어막는 것이 효과적일까, 아니면 정치인과 관료 집단에 대한 정부의 리더십에 오히려 의문을 제기하는 것이 효과적일까. 성공적인 헤게모니 형성은 갈등이 최소화되어야 가능하다. 헤게모니는 "스스로를 다스릴 수 있으면서도 그 자기통제가 정치사회와 갈등을 일으키지 않는 개인"의 존재에 의존하기 때문이다(1971: 268).

결론적으로 그람시의 더 일반적인 헤게모니 정의에 가까운 것은 동의라고 할 수 있다. 그는 시민사회가 헤게모니의 기능에 부합하며, 정치사회는 '지배'에 가깝다고 주장한다.

그람시가 강제를 '폭력의 순간'에만 한정지었다 해도, 우리가 켄타우로스로 비유되는 헤게모니 개념에서 완전히 눈길을 돌릴 수는 없다. 앞에서 지적했다시피 강제 기구는 시민사회 내에서 합의를 이끌어 내는 역할을 한다. 게다가 지배권력이나 그 반대파가 강제력에 호소하는 일은 심심치 않게 일어난다. 그람시의 사유에서는 무력 또는 사법권 동원이 그다지 많이 언급되지 않는다. 그러나 헤게모니는 프랑스 사회학자 피에르 부르디외(1930~2002)가 말한 '상징적 폭력'에 자주 의존한다.

상징적 폭력에는 여러 가지 형태가 있다. 5장에서 보겠지만, 텍스트는 배제를 낳고 배제된 집단의 침묵 속에서 상징적 폭력을 수행한다. 또, 상징적 폭력은 취향 판단의 영역을 만든다. 여기서 배제된 자들은 중심에서 밀려나고 놀림감이 된다. 배제된 자들이 편안하게 느끼는 신체적 행동이나 생활 방식은 보기 흉한 것으로 취급된다. 교육 수준의 불평등도 그 원인 중 하나다. 이때 지배권력(부르디외는 지배계급)은 자신들의 권위를 재생산하고, 서발턴 집단은 우월한 가치와 취향을 동경하게 되며, '지배받는' 집단의 열등한 지위는 고착된다.

제한된 헤게모니와 확장된 헤게모니

만약 지배집단이 강제와 억압에만 의지한다면, 대중 대다수가 자발적이고 적극적으로 헤게모니 블록에 동의하는 '확장된' 헤게모니를 획득하기는 불가능하다. 그 반대에 해당하는 제한된 헤게모니를 이해하려면 19세기 이탈리아로 돌아가 볼 필요가 있다.

그람시는 이 시기를 이렇게 정리한다. 온건당은 통일전쟁을 함께 한 다른 세력, 특히 급진적인 행동당에게 밀리지 않고 헤게모니를 쥐고 있었다. 1장에서 살펴본 대로, 변형주의가 이 시기의 특징이었다. 동맹 세력은 물론이고 적대 세력까지도 자신들의 리더십 아래 조금씩 흡수해 가는 온건당의 정치 계획에 따라 지배집단이 확장된 형태였다. 이 헤게모니는 제한된 헤게모니였다. 헤게모니 계급은 민중계급의 이해관계를 진정으로 받아들이지 못했고, 그저 이들이 리더십을 발휘하지 못하도록 고사시키려 했다. 로저 사이먼(1982: 53-4)은 영국 노동계급운동을 비슷한 시각으로 분석한다. 노동조합과 노동당의 우파 지도자들은 때맞춰 사회개혁 방안을 내놓아 그때마다 노동자들의 지지를 끌어들이는 방식으로 자본주의 유지에 기여해 왔다는 것이다.

제한된 헤게모니 개념을 계급정치 바깥으로 확장해 볼 수도 있다. 정부는 환경 관련 정책을 근본적으로 바꾸지 않으면서도 환경 개혁을 추진한다거나, 여성이나 소수민족을 대변하는 흉내만 내기도 한다. 이 전략도 역시 서발턴 집단의 요구를 고사시키려는 책략에 가깝다.

대안은 '확장된' 헤게모니다. 헤게모니 집단은 서발턴들의 이해관계를 완전히 받아들이고, 서발턴들은 헤게모니 계급의 세계관을 자신의 것으로 삼아 그 안에서 '살아간다'. 이 상황에서는 "잡다한 목표를 지니고 흩어져 있던 다수의 의지가 공통의 세계 인식에 기초해 하나의 목표로 결집한다"(Mercer 1984: 9에서 재인용). 앞에서 말했듯이 서발턴 집단들은 '기본' 집단들의 권위에 도전하려고 하므로 여기에도 불안정성이 잠재해 있다. 그러나 사람들의 삶 속에 완전히 안착하려면 헤게모니가 확대되어야 한다는 사실만은 분명하다.

토니 베넷(1986a)은 블랙풀의 휴양문화를 분석하면서 확장된 헤게모니 사례를 제시했다. 19세기에 잉글랜드 북부의 헤게모니를 장악한 공장주들은 남부 잉글랜드의 특징인 귀족문화와 대립각을 형성했다. 노동자들은 연례행사로 여행을 떠나거나 휴가철을 즐기면서 이 지역 헤게모니에 '응집'되어 있었다. 때가 되면 북부 산업도시 노동자 대부분이 블랙풀로 향하곤 했다. 이들은 정말로 근대적인 북부의 이미지를 만났다. 블랙풀의 건물들이나 여기서 즐기는 유흥이 만들어 낸 이미지였다. 휴양문화는 사람들을 노동의 세계에 묶어 두는 효과를 발휘했고, 따라서 자본주의의 힘을 재생산하고 강화시켰지만, 사람들의 실제 경험은 그렇지 않았다. 오히려 노동자들은 휴양문화에 잉글랜드 북부의 본질인 진취성, 근면, 유쾌함이 담겨 있다고 생각하고 이를 선망했다. 이 정체성이 대영제국 구성원으로서의 정체성과 모순되는 것처럼 보일 수 있다는 사실도 그 힘을 약화시키지는 못했다. 다음에서 다루게 되겠지만, 그람시는 모순된 사고가 존재할 수 있다는 점을 아주 잘 알고 있었다.

상식과 양식

앞 장에서 살펴보았듯이 그람시에게 민속은 민중들의 세계관이 담기고 전해지는 중요한 형식이었다. "세계와 삶에 대한 생생한 개념"인 민속은 그람시가 말하는 상식과 겹치는 부분이 많다. 상식은 "철학의 민속"이다. 철학처럼 상식도 물질적 현실을 토대로 하는 세계를 사유하는 방식이다. 하지만 철학과 달리, 상식은 비체계적이고 무질서하며 자연발생적인 데다가 앞뒤가 맞지 않는다. 상식에는 "석기시대의 요소들"에다가 과학 법칙, "미래의 철학을 향한 직관"까지 "본질적으로 다른 개념들이 혼란스럽게 뭉쳐 있"다(1971: 324).

그람시의 상식 개념을 흔히들 말하는 상식 개념과 헷갈리면 곤란하다. 이론이나 교리와는 다른 실용적인 지혜를 말하는 것이 아니다. 말 그대로 상식은 어떤 사회집단이, 어떤 사회 전체가 대개 갖고 있는 생각이다. 따라서 그람시가 민중계급의 상식이 무엇인지, 헤게모니 블록이 어떤 식으로 여기에 개입해 자신들의 목적에 맞게 가공하는지에 관심을 가졌다 해도, 그는 모든 사회계층이 그들만의 상식을 지닌다는 것을 알고 있었다. "상식은 계속 변화하며, 일상으로 들어온 과학 지식이나 철학 개념을 흡수해 풍요로워진다"(위의 책: 326).

상식은 내적으로 모순적이다. 게다가 한 사람이나 집단이 여러 상식을 지니기도 한다. 그람시는 노동자가 이론적으로 두 가지 의식을 가진다고 했다. 하나가 지금 하고 있는 노동에 관한 의식이라면, 다른 하나는 도덕적 행위에 영향을 끼치는, 과거에서 물려받은 의식이다. 이 때문에 시민사회의 제도들은 불균등하고 다양한 상식의 여러 모습에 맞추고자 스스로를 변화시킨다. 그람시는 가톨릭교회를 예로 들었다. 교회는 "분명히 서로 다르고 모순적인 종교들의 다수성"을 하나로 합치려고 최선을 다한다. 마찬가지로 오늘날 많은 사회에서 대중매체는 여러 갈래로 흩어진 상식을 하나로 꼬아 놓으려고 한다. 영국 타블로이드 매체는 성적인 문제를 다룰 때 모순적이면서도 일관된 태도를 보인다. 성을 해로울 게 없는 흥미거리로 다루지만, 유명인들의 방탕한 행위는 도덕적으로 재단하고 성범죄자들에게는 가장 혹독한 처벌을 요구한다. 그람시 이론의 시각으로 보면, 상식의 이런 '응집된' 표현은 현 사회의 리더십을 냉소적으로 흉내내는 것이다. 타블로이드 신문들은 '새로운 것을 혐오하고 옛것에 매달리는', 정치적으로 보수적인 대중 의식을 따라갈 뿐이기 때문이다. 더 확장된 헤게모니를 구축하려면, 상식의 반동적 요소를 해체하고 그 안의 긍정적인 요소를 살려 내야 한다. 이 진보적 변화를 그람시는 '양식'이라고 불렀다.

양식은 흔히들 말하는 상식에 가깝다. 그람시는 이렇게 질문한다. 사람들이 사회에 대해 갖는 생각이 모두 가짜라면 그들이 살아남을 수 있겠는가? 많은 사람들의 세계 인식 속에는 어떤 실질적인 이해의 핵심이 담겨 있다고 보는 편이 논리적이다. 그저 지배받기 위해서라도, 사람은 특정한 세계 인식에 능동적으로 가담해야만 한다. 변화를 향한 기획(그람시가 마르크스주의를 돌려 말하기 위해 쓴 표현. '실천의 철학'이라고도 했다)은 세계 안에 있는 이런 존재 방식들을 파악해야 한다.

양식 안에는 믿을 만하고 생각해 볼 만한 요소들이 있다. 헤게모니화의 대상들에게만이 아니라 헤게모니 블록 그 자체에

양식은 필수불가결하다. 진보 프로젝트는 구체적이거나 실제적이라기보다는 지적인 부분을 앞세우면서 추상적일 때가 많다. 이런 경향에서 탈피하려면 그람시가 말한 '단순성'에 참여하고, 이를 정교화시켜야 한다. 양식은 실제 삶과 연결되어 있기 때문에 단순성을 갖는 것이다. 더욱이, 양식은 추상적 이론화에서는 찾아볼 수 없는 정동적·정서적 측면을 지닌다. 지식인은 양식에서(대중문화에 나타나는 양식까지 포함해) 눈에 띄게 드러나는 '감정'을 현 상황에 대한 철학적 이해와 결합해야 한다. 그람시의 말을 빌리자면, 구체적 현실과 민중 의식에 뿌리박지 않은 계몽은 "영국 상인들과 아프리카 흑인들의 접촉"에 지나지 않는다. 공정한 거래가 아닌 것이다. 지도력을 행사하는 이들과 그 대상인 자들 사이의 균열을 메꾸는 방법은 하나밖에 없다. 지식인들이, 자신들이 계몽하고 설복시키려고 하는 이들과 '유기체'를 이루는 것이다. 6장에서 이 부분에 대한 그람시의 설명을 더 자세하게 살펴본다.

서발턴의 열망을 껴안는 리더십, 헤게모니

3장에서는 지배와 헤게모니를 명확하게 구분하였다. 헤게모니는 서발턴의 관점과 열망을 헤게모니 블록의 정치문화 기획 내부에 위치하는 능동적인 요소로 받아들이는 도덕적·지적 리더십을 뜻한다. 권력을 특정 사회집단이 소유한 자산으로 보는 관점에 머무르지 않고 계속 이어지는 협상으로 이해하게 해 주는 것이 헤게모니 개념이다. 그람시는 제한/팽창, 강제/동의, 상식/양식 등의 대립을 활용해 각 용어들이 지닌 미묘한 차이를 강조하려고 했다. 기본 계급의 권위 유지나 서발턴들이 다른 집단의 리더십을 받아들이는 메커니즘을 그람시가 어떻게 설명했는지도 이 절에서 다루었다. 다음 장에서는 사례연구를 통해 이 문제들을 조명해 본다.

제 4 장

헤게모니 사례 1
: 정체성

Antonio Gramsci

4장과 5장에서는 헤게모니가 특정 문화 형태나 관습에서 어떻게 작동하는지를 보여 줄 사례연구들을 소개한다. 이 연구들 모두 그람시 이론을 전면에 내세우는 것은 아니고, 어떤 경우에는 다른 이론적 틀을 적용하기도 한다. 그러나 이 연구들은 모두 '그람시적'이거나 '네오-그람시적'이라고 불러도 좋을 만큼 그람시에 기대어 문화권력을 이해한다. 그람시에게 진 빚을 숨기지 않는다고 해서 이 작업들이 단순한 반복인 것은 아니다. 이 연구들은 헤게모니 개념을 유연하게 또 비판적으로 적용한다. 그람시 이론은 다른 이론들과 결합하고, 헤게모니 개념은 새로운 문화 실천과 형태를 조명하며, 그람시 이론의 특정 부분에 대한 강조는 다른 부분이나 그람시 이론 전반과 대립하기도 한다.

그람시의 헤게모니 이론은 주로 계급과 국민 문제를 다루지만, 이 장에서 소개할 연구들은 청년, 젠더, '인종', 민족 문제 연구에 그람시의 분석을 적용한다. 그렇다고 해서 헤게모니 이론의 문제성을 희석하는 작업이라고 오해하면 곤란하다. 영국의 문화이론가 스튜어트 홀의 말처럼, 그람시적 접근의 힘은 확고한 불변의 지점을 수호하는 데에서 나오는 것이 아니라, 기존의 이론들을 수정하고 새롭게 해석할 때 발휘되기 때문이다. "그람시 이론은 변화를 가져온다. … 그람시의 가장 큰 이론적 공헌은 '기존 이론이나 문제들을 다시 문제화하는' 데에 있다. 이 때문에 그의 이론은 기존 사회이론들의 '적합성'에 의문을 품게 한다"(Hall 1996: 411). 그람시 이론을 그 시공간적 맥락 바깥에서 등장한 대상에 적용하는 것은 따라서 '다시 문제화하는' 작업이다.

4장과 5장에서는 특정한 헤게모니 실천이 개인이나 집단을 위치짓는 방식이 무엇인지, 그 과정에서 텍스트나 문화제도가 어떤 역할을 하는지를 논한다. 4장에서는 사람들이 사회 위계 질서 안에서 혹은 거기에 저항하면서 어떤 식으로 정체성을 형성하는지에 초점을 맞춘다. 5장에서는 이 과정에서 재현이 수행하는 역할에 좀 더 집중하면서, 텍스트가 그 내러티브, 음향, 이미지에 실제 사회 갈등을 상징적으로 녹여내어 리더십 및 동의 문제를 그 나름의 방식으로 어떻게 드러내는지를 다루고, 여러 이해관계에 놓인 집단들—지도 블럭에 속하는 집단들까지도—이 권위를 획득하려고 경쟁하는 사례를 들어 시민사회와 정치사회의 제도들이 수행하는 규제적 역할을 조명한다.

이 사례들이 모두 설명을 위해 대상을 단순화한 측면이 있다는 점은 짚고 넘어가자. 실제로는 그렇게 쉽게 규명되지 않는다. 예를 들어, 사람들의 정체성은 국가 및 시민사회 제도들과 다양한 관계를 맺고 재현을 거치면서 부분적으로라도 언제나 생성 과정에 있다. 이런 과정 바깥에 존재하는 정체성의 '순수한' 계기는 없다(뒤 게이du Gay 등(1997)은 '문화적 순환cultural circuit'을 논하면서 이 상호의존성을 어느 정도 설명해 준다). 그렇다고 해도, 헤게모니 활동이나 헤게모니 이론에서 정체성 문제가 아주 중요하다는 사실은 분명하다. 먼저 정체성 문제에 접근해 보자.

'탁월'한 존재

다음 절에서는 '저항'의 특징을 다루게 되겠지만, 여기에서는 '서발턴' 정체성의 생산을 분석한다. 지도 집단의 권위를 유지하려면 이 집단이나 개인들의 적극적인 동의가 필요하다. 그렇게 되면 이들은 종속적인 위치에 놓인다 하더라도 지배 블록의 일부를 형성한다. 확장된 헤게모니가 나타났을 때, 서발턴 집단의 정체성은 그 블록의 지도 집단(헤게몬hegemon이라고도 한다)이 중요시하는 의미와 가치에 긴밀하게 연결될 것이다. 다종다양한 서발턴 집단들에게 접근하는 여러 방식과 전략들을 여기서 모두 다룰 수는 없다. 대신에 주목해 볼 만한 가치가 있는 서발턴 집단인 현대의 중류계급을 장악하려는 시도들 중에서 두드러지는 모티프 하나를 따로 떼어 살펴보려 한다.

노동의 세계에서 출현한 후 점차 여타 사회문화 영역으로 퍼져 나간 여러 담론과 실천들의 결합은, 노동계급과 소비자들을 '진취성'과 '탁월성'이라는 용어를 중심으로 형성된 도덕적·정치적·경제적 기획에 묶어 놓으려고 한다.[1] 아래에서는 사람들이 '도전의 문화'를 받아들이거나 거부하거나, 이와 협상할 때 헤게모니가 수행하는 역할을 따져 볼 것이다.

'탁월하다'는 표현은 서구 국가들이 경기침체를 겪던 1970년대에 들어 많이 쓰이기 시작했다(Paul du Gay, 1991). 경제가 모든 것을 결정하지 않는다는 그람시의 주장을 증명하듯이, 이때의 경제위기는 기성 가치를 뒤흔든 문화 위기와 깊숙하게 연결되어 있었다. 개별 국가마다 사정이 조금씩 다르긴 했지만 서구 민주주의국가들은 제2차 세계대전 이후의 복지 확대, 경직된 노사 관계 관행, 1960년대의 '자유방임적 사회' 등이 경제와 문화의 회복을 막는 심각한 장애물이라고 여겼다. 미국에서는 이 '가라앉고 있다는 느낌'이 강력한 경쟁자인 일본과 결부되었다(Salaman, 1997). 미국과 반대로 일본 노동자들은 힘든 일을 마다하지 않는 직업윤리를 갖추고, 회사의 가치를 자신의 것으로 받아들인다는 것이었다.

사회의 쇠퇴를 막을 처방이 두 가지 정도 나왔다. 하나는 지난 반세기 동안 진행된 복지제도 발전을 과거로 되돌리는 것이

[1] enterprise와 excellence를 '진취성'과 '탁월성'으로 번역하였다. 이 두 용어는 기업 경영에서 강조하는 태도, 자질, 취향이 개인에게 내면화된 일종의 이데올로기, 문화, 담론을 가리킨다. enterprise는 기업, 진취성, 도전 정신 등의 사전적 의미를 가지며 여기에서는 이 의미들이 복합적으로 쓰였다. excellence는 탁월함, 우수성 등을 의미하며, 한국의 교육학/제도에서는 수월성으로 번역한다. 엘리트중심 교육, 성취중심 교육을 모나지 않게 가리키는 표현이라는 점에서 수월성으로 번역하는 것이 이 장의 취지와 잘 어울리겠으나, 일반 독자에게 낯선 용어라는 점을 감안하여 탁월성으로 옮긴다.

었다. 또 하나는 대중이나 여러 제도들이 쉽게 받아들일 만한, 탁월성을 강조하는 문화를 키우는 것이었다. 이를테면 "경제적·도덕적 재건은 모든 제도가 진취성 고취에 역점을 두어야만 가능하다"는 식이었다(Du gay, 1991: 45). 만약 독자들이 이 책을 기성 교육제도 안에서 더 큰 성취를 거두고자 읽고 있다면, 읽는 와중에 교육 당국의 지침이나 과제에 대한 설명 등을 계속 확인하게 될 테고, 그 결과로 해당 지침을 관통하는 진취성과 탁월성의 언어로 자기 자신을 판단하게 될 것이다. 탁월성 담론이 공적·사적 영역을 가리지 않고 여러 제도나 단체에서 횡행하고 있다는 사실을 확인하는 일은 그리 어렵지 않다.

제도상의 변화들은 개인적 향상이라는 말과 맞물렸다. 개인적 향상이란 사람들이 탁월해지려고 애를 쓰면서 "진취적인 자질과 특성"을 과시하는 행위와 밀접하다(위의 글). 기업가적 진취성이란 기꺼이 위험을 감수하고, "스스로를 책임"지며, 혁신을 두려워하지 않고, 상황을 주도하면서, 경쟁에 뛰어들고, 관습에 도전하는 것이다. 개인주의와 이윤 추구에 필요한 자질들은 일반적으로 달성 가능한 인간적 미덕으로 격상된다. 두 가지 효과가 일어난다. 첫째, "문화적 풍요로움과 경제적 풍요로움 사이의 구분"이 흐릿해진다(위의 글: 46). 둘째, 개인과 개인이 일하는 조직 간의 구분도 흐릿해진다. 개인의 진정한 '정체성'은 직장 바깥에 존재하는 무언가가 아니라 일할 때의 정체성과 별다르지 않은 것이 된다. 그람시는 동시에 여러 정체성을 갖는 일이 드물지 않다면서 가톨릭 신자이자 노동자인 사람의 예를 들었다.

그러나 이 경우엔 모순된 정체성을 조화시키기 위해 교회가 엄청난 노력을 기울여야 한다. 다른 정체성들이 일단 하나로 연결되고 나면, 외부적이거나 제도적인 통제의 필요성이 줄어들고, 개인이 자기 자신을 관리한다. "탁월성의 문화"가 지배하는 곳에서, 일은 더 이상 "고통스러운 짐"도 단순히 돈을 벌기 위한 수단도 아니다. 이제 일은 "자기실현의 수단이며, 회사의 이익은 개인의 자기 발전 및 '성장'과 일치한다"(위의 글: 55).

탁월함을 내세우는 정체성은 어떤 식으로 퍼져 나갈까? 샐러먼의 연구에 따르면, 탁월성을 목표로 삼는 시각은 교육과정, 평가센터, 휴가와 평가 관련 시스템, 상담 절차 등 여러 장소와 기술들을 통해 전파된다. 경영계에서 추앙하는 인물들이 쓴 책, 훈련 영상 등 재현물들이 이 실천들을 확장하는 전형적인 통로다. 헤게모니라는 말이 직접 등장하지는 않지만 이들의 전략은 그람시의 헤게모니 개념과 놀랄 만큼 유사하다. 직원들은 지배 가치를 강요받아서가 아니라, 목표를 정하고 결정을 내리는 등 폭넓게 회사 일에 관여하면서 영혼과 정신을 회사에 바친다. 어떤 경영 이론은 이렇게 주장한다. "혁신을 이룩한 회사는 직원들이 규칙을 따르기를 원하지 않는다. 회사는 직원들이 스스로 규칙을 만들기를 원한다"(Salaman 1997: 256). '기업문화'라는 복음을 전파하는 어느 책(Terrence Deal & Allan Kennedy 1982)은 개인이 주어진 의미를 그저 받아들이지 말고 생산하는 역할을 해야 한다고 강조한다.

> 직원들이 회사가 지향하는 바와 지켜야 할 기준을 안다면, 다음으로는 그 기준을 지탱할 결정들을 내리게 될 것이다. 직원들은 조직에서 아주 중요한 역할을 하고 있다고 느낄 것이며, 그들의 삶에서 회사가 큰 의미를 갖게 되므로 동기부여가 쉬워진다(Salaman 1997: 273에서 재인용).

이 주장은 스스로 결정을 내리는 개인이야말로 헤게모니 과정에서 핵심적인 존재라는 그람시의 말과 닮아 있다(Gramsci 1971: 268). 적어도 상징적 차원에서는 새로운 기업문화가 '지배'와는 대립하는 유연하고 통합적인 리더십에 가까운 것처럼 보인다. 그러나 기업문화 내러티브가 노동 분야에서 새로운 합의를 이끌어 낼 것이라는 보장은 없다. "조직에 참여하고 조직에 대응하는 방식"(Salaman 1997: 253)을 직원들이 준비하도록 해 준다 하더라도, 서발턴 개개인들이 회사의 가치를 자신의 가치와 구분할 수 없는 정도로 받아들이는 '확장된' 헤게모니에는 미치지 못한다. 사실 서발턴들이 기업문화를 자기 정체성으로 받아들이는 경우는 그리 흔하지 않다. 한 연구에 따르면 대체로 피고용인들은 기업이 내세우는 가치와 자신을 그다지 동일시하지 않으며, 오히려 그 신념 체계를 비아냥대거나 패러디하면서 거리를 둘 때가 많다(Wilmott, 1997). 직원들이 보상은 늘고 손해는 최대한 줄었다고 느낄 때에나 그 가치가 실현될 것이다.

그람시는 리더십이 이데올로기적인 수단으로만 지켜진다고 주장하지는 않았다. 물질적인 보상으로도 리더십을 유지할 수 있다. 그러나 리더십이 가장 잘 유지되는 때는 그 가치를 자기 자신의 가치로 꾸준하게 받아들이는 집단을 이끌 때이다. 그러므로 탁월성의 실천과 수사학을 체화하여 누구보다도 효과적으로 헤게모니화된 집단은 경영자들 자신이다. 탁월성 담론은 경영자들이 중시하는 가치들과 공명한다. 자기실현, 자기표현, 자기 주도는 경영자들이 가장 좋아하는 속성이고 기술이며 가치다. 통제가 덜한 리더십은 권위를 분산시키기 쉽지만 그래도 여전히 리더십이며, "혁신을 이끄는 리더라는 극적이고 영웅적인 신분"을 갖는 경영자들이 완성시켜야 하는 목표다(Salaman 1997: 330).

지금까지 살펴본 대로라면 '신新경영', 혹은 탁월성 담론은 서발턴들의 의식을 강하게 사로잡지 못하는 제한된 헤게모니다. 확장된 헤게모니 형태라기보다는 헤게모니 계급을 헤게모니화할 때 가장 효과적인 담론인 것이다. 기업의 주도권을 놓치지 않도록 지원하기는 하나, 대중 의식에 끼치는 영향은 미미하다.

그러나 두 가지 점에서 섣부른 결론은 유보할 필요가 있다. 첫째, 경영자라는 범주는 지난 100년간 엄청나게 확장되었다. '지배'계급이라기보다는 불안정한 월급쟁이 서발턴 계급에 속하는 경영자도 많다. 그러니 탁월성 담론은 그 수가 얼마 되지 않는 사회집단만을 겨냥하는 것이 아니라 중산층과 상당수 노동계급에게도 영향을 준다. 둘째, 탁월성의 '철학'은 놀림감이 되기 쉽지만 탁월성의 어떤 요소들은 사회생활의 다른 차원을 파고든다. 일상생활 속의 실천들과 연결되면서 강한 구속력을 드러내는 것이다. 탁월성 담론이 상식과 생생한 현실 형태를 빌려 다른 정체성들과 결합하는 모습을 몇 가지만 살펴보자.

앤 그레이는 경영계에 뛰어든 '진취적인 여성'들을 연구했다. 이들은 '페미니즘'이라는 말을 직접 쓰지는 않지만 "페미니즘이라고 부를 만한 무언가에 기대어 행동하는 때가 많다"(Gray 2003: 504). 이때 탁월성 담론은, 지배 블록에서는 쉽게 획득하는 자격을 자신들은 갖추지 못했다고 느끼는 서발턴 정체성을 자극한다. 탁월성 담론은 주어진 일만 하는 것이 아니라 자기 분야에서 큰 성공을 거두고 싶어 하는 이들에게 강하고 끈질긴 호소력을 발휘하면서 정체성을 형성한다. 그레이가 인터뷰한 이들은 여성으로서 갖는 역량과 결부된 탁월성을 강조했다. 육아를 하고 노동시장에서 파트타임을 거치며 불안정한 업무 환경을 겪어 온 덕분에, 여성 경영자들은 회사 경영에 꼭 필요한 유연성을 갖추게 되었다는 것이다. 원활한 의사소통, 정서적 교류, 자기표현, 자아상 정립 등에서 발휘되는 여성적 역량은 시장에서 높은 성과를 거두게 하는 기술이며, 살림을 도맡으면서 일상에서 익힌 지식들은 제도권 교육에서 배운 지식보다 직접적이고 현실적인 정보를 제공한다. 그러므로 여성 경영자들에게 진취성과 탁월성 담론은 남성성과 경영 능력을 동일하게 보는 선입견을 깨고 생산과 소비, 일과 가정이라는 구분을 무너뜨리면서 확장된 헤게모니로 나타난다.

그레이의 연구는 노동 영역만이 아니라, 탁월성 담론을 받아들인 정체성이 생성되는 시민사회 내의 다른 공간과 활동에도 눈길을 돌리게 한다. 탁월성과 정체성이 결합하는 또 다른 지점은 레저, 스포츠, 피트니스 분야다. 1970년대 이후의 영국에서 건강한 '라이프스타일'이라는 개념은 건강 증진 정책과, 복지제도를 예전으로 되돌리려는 정치적 시도 사이의 균열을 봉합해 주었다(그람시의 표현을 빌리자면 '시민사회'와 정치사회' 사이의 균열이라고 할 수 있다). 콜린 머서는 여태껏 좌파가 장악해 온 도시인 리버풀의 재건 계획을 홍보하는 포스터에 주목했다. 체육관에서 운동하는 젊은 여성의 이미지가 담긴 이 포스터는 "오랫동안 방만하고 무절제하게 운영된 복지정책과 게으른 국가사회주의를 버리고 날씬하고 깔끔해져라!"는 메시지를 전하고 있다는 것이다(Mercer 1984: 6).

건강한 라이프스타일은 통상 노동 및 사업 세계와는 상관없는 자율적인 것으로 간주되므로 탁월성 이데올로기를 전파하는 효과적인 수단이다. 그람시는 젊은 시절에 쓴 에세이에서 축구를 언급하면서 비슷한 논리를 편 적이 있다. 축구는 북유럽 노동윤리의 표현이므로 이탈리아에서 대중화되기 어려울 것이라는 그람시의 예측은 틀린 것으로 드러났지만, 조직 스포츠가 수행하는 모순적인 역할을 간파한 그의 분석은 날카롭다. 삶의 경제적 측면은 축구를 하는 동안 드러나지 않으며, 축구는 선수가 '그저 그 자신'일 수 있는 순수한 레저 활동의 장소인 것처럼 보인다. 그러나 동시에, 축구는 자본주의사회의 작동 방식을 보여 주는 순수한 이미지이기도 하다. 모든 선수가 각기 다른 특수한 역할을 맡아 자유롭고 행복하게 게임의 규칙을 따라

플레이한다. 애초에 노동자에게서 유래한, 규칙에 순응하는 스포츠맨십은 이제 기업을 경영하는 방식이 되었다.

> 축구 경기는 개인주의 사회의 모델이다. 축구 경기는 당면 문제의 해결을 요구하지만 어디까지나 규칙 안에서 그렇게 해야 한다. 선수 각자는 위계에 따라 차별화되어 있지만 이 차별은 과거 경력이 아니라 특정 자질에 기반한다. 변화, 경쟁, 갈등이 생겨나지만 문서화되지 않은 규정, 즉 페어플레이 규칙의 단속을 받으며, 심판의 존재는 이를 끊임없이 환기시킨다. 탁 트인 구장, 자유롭게 부는 바람, 건강한 폐, 강력한 근육은 언제나 행동을 위해 예비되어 있다 (Gramsci 1994: 73).[2]

많은 현대의 피트니스 활동들도 축구보다는 덜해도 같은 원리를 따른다. 피트니스는 노동 세계와는 독립되어 보이며, '자기 몸에 대한 믿음'을 지닌 개인들의 흥미를 끈다. 이 메시지는 서발턴 중류 계층에 큰 호소력을 발휘한다. 자기 몸을 가꾸는 것을 인생의 계획으로 삼는 태도가 가장 널리 깊게 뿌리박혀 있는 계층이 바로 이 사람들이다(Bourdieu 1997: 112). 리더십 획득을 위한 투쟁은 넓은 경제적·정치적 의미망 바깥에 따로 존재하는 것처럼 보이는 언어와 실천에서 일어난다. "이 투쟁은 대부

---

2 〈축구와 스코포네〉, 《전진!》, 1918.8.27. (이 글은 안토니오 그람시, 《옥중수고이전》, 리처드 벨라미 엮음, 김현우·장석준 옮김, 갈무리, 2001에 번역되어 있다.)

분의 사람들이 '어떤 멍청이가 이런 걸 문제 삼아?'라고 반응할 만한, 정치적으로 해로워 보이지 않는 말 —라이프스타일 관리—과 자기향상 방침을 그 무대로 삼는다"(Howell & Ingham 2001: 346). 탁월성이 그람시가 말한 상식에 가까워지는 것은 당연하다.

여기서 중요한 것은, 여성 경영자와 피트니스, 라이프스타일 붐 같은 정체성 결합 기획이 모든 사람의 흥미를 끌 수는 없다는 점이다. 정체성은 다른 정체성들에 대립하며 형성된다. 탁월성을 내세운 정체성 형성은 그 질서 바깥에 있는 사람들, '지배' 받아야 하는 사람들을 가정한다. 뒤 게이(1997)가 말했듯이, 이제 모든 사람은 스스로 일을 진행하고 알아서 위험을 감당할 수 있는 개인들로 간주되기 때문에 노숙자, 실업자, 사회부적응자 등 '실패'한 사람들은 강렬한 거부의 대상이다. 이들은 "스스로를 돌볼 도덕적 의무가 있으므로, 아무도 탓하지 말고 문제를 직시"해야 한다(du gay 1997: 302). "'건강해지도록 스스로를 도우라'는 산뜻한 인생철학의 어두운 반대편에는 건강하지 못한 것은 불운이 아니라 악덕이라는 시각이 존재한다"(Howell & Ingham 2001: 346). 따라서 '탁월성'은 헤게모니 블록 바깥에서 도덕적으로 또 지적으로 '지배당하는' 집단을 만들어 낸다. 그러나 그런 정체성을 만들어 내는 이들이 지배적 사회집단에 속하는 사람들인 것만은 아니다. 다음 절로 넘어가 보자.

청년 하위문화

헤게모니 블럭은 그 서발턴 중에서 블럭 내부로 수용할 수 있는 자들과 블럭을 위협하는 적들을 뚜렷하게 구분한다. 이 점에서, 그람시의 서발턴subalterns과 피지배집단the dominated 사이의 구별은 인류학자 메리 더글라스가 문화를 바라보는 관점과 유사한 데가 있다. 더글라스는, 문화적 질서가 체계 안에 적절하게 자리잡는 것과 그 바깥에서 위협을 가하는 것에 관한 일련의 분류를 낳으며, 이 둘 사이의 경계가 항상 효과적이지는 않더라도 끈질기게 감시받는다고 보았다(Douglas 1996). 5장에서 이 '적대자들'이 허구적 재현을 통해 감시받거나 규제되는 양상을 다룰 테지만, 여기에서는 청년 하위문화를 다룬 몇몇 학술 문헌들을 살펴보면서 청년들이 어떤 식으로 외부자라는 위치를 '받아들이'는지, 그리고 피지배집단이 헤게모니 블록의 경계를 어떻게 단속하거나 구성하는지를 알아볼 것이다.

이 절에서 참고한 글들은 영국에 그람시 이론이 번역되면서 널리 소개되기 시작할 무렵에 쓰였다. 그람시의 중심 이론이라고 할 수 있는 동의의 구성 문제는 제2차 세계대전 이후 영국에서 한창 정치사회적 합의 과정이 진행될 때 청년들의 반응을 이해할 언어를 제공했다. 이 시기에 계급 구분이 희석되기 시작했다는 주장도 있지만, 주요 계급 불평등이 영국 사회 갈등의 중요한 원인이었다는 사실은 부정하기 어렵다.

사회학자 필 코헨은 이 당시에 그가 '존중받는 이들'이라고 부른 비교적 부유하고 영향력 있는 노동계급의 한 계층이 결정적으로 불안정한 상황에 빠졌다고 지적한다. 이 계층은 연이어 일어난 혁신과 시장의 요구 속에서 변화를 겪고 있었다. 기계 자동화가 예전에 숙련공과 어느 정도 기술을 갖춘 노동자들이 전통적으로 해 왔던 직업을 대체하는 와중에, 정부와 광고주들은 이들에게 중산층과 교외 생활의 라이프스타일을 갖추라고 자극하고 있었다. 겉보기에 하위문화는 부모 세대의 가치에 반항하는 것이었으나, 코헨은 계급사회가 낳은 갈등이 옮겨진 형태라고 보았다. 다음의 유명한 진술에서 코헨은 하위문화의 기능을 이렇게 서술한다.

> 청년 하위문화는 부모 세대 문화에서 숨겨져 있거나 풀리지 않은 모순을 '마술처럼'이나마 표현하고 해결한다. 따라서 부모 세대 문화가 만들어 내고 하위문화가 계승한 것은 핵심 문제에 대한 수많은 변종들이라고 생각해 볼 수 있다. 그 핵심 문제는 이데올로기적 층위에서, 전통적 노동계급 청교도주의와 새로운 소비 향락주의 사이의 모순이다(Cohen 1980: 82).

하위문화의 저항은 노동계급의 삶을 바꾸는 실제 변화들을 회피하기 때문에 '마술적인' 해결이다. 하위문화의 저항 형태는 모호하다. 청년들은 피지배계급의 위치를 자기 정체성으로 받아들이거나 쾌락의 원천으로 소비하면서 살아간다. 이렇게 지배는 도덕적·지적 리더십이 서발턴의 동의를 요구하는 것과 똑같이 피지배계층의 동의를 필요로 한다. 코헨은 런던 이스트엔드에 거주하는 스킨헤드 축구 팬들의 정체성이 좁은 지역주의를 중심으로 형성되어 있다고 주장한다. 여기에서 자본주의적 개발업자와 무신경한 지역 정부 같은 '진짜' 적들과의 투쟁은 기성 세대나 다른 하위문화와의 갈등만이 아니라, 근처의 다른 거리나 구역에 사는 청년들을 향한 지독한 적대감으로 바뀌어 나타난다. 피지배계급이라는 위치를 완전히 몰각한 행동일까? 코헨은 그렇게 생각하지 않는다. "이는 개발이 파괴한 전통적인 이웃과의 연대를 회복하려는 시도다"(위의 글: 85). 그러므로 청년 문화는 저항의 잠재력을 가지고 있을 수도 있으나, 극단적인 '조합주의' 형태에 머물러 지역 차이를 넘어 연대할 가능성은 적다.

청년 하위문화가 그 안에서의 알력에 한정된다면, 7장에서 다룰 청년 무법자들 때문에 사회 전체가 충격에 빠진 현상을 설명하기는 어려울 것이다. 청년 하위문화는 그 표현 방식 때문에 완전한 대항 헤게모니로 자리잡기 어렵지만, 틀림없이 더 넓은 영역의 문화와 관계가 있다. 여기서 딕 헵디지Dick Hebdige와 폴 윌리스Paul Willis의 연구를 살펴보는 것이 좋겠다. 두 사람은 하위문화 청년들이 지배에 대해 갖는 인식과 그 저항의 한계를 다루었다.

헵디지는 헤게모니 개념을 연구의 중심에 놓기는 하나 정치적 협상 및 갈등의 문제로 보지 않고 의미화signification의 문제로 파악한다. 패션, 음악, 대상과 이미지들은 지배 질서 아래로 들어가지 않으려고 하는 피지배집단의 표현 수단이다. "하위문화에서 드러나는 헤게모니에 대한 도전은 직접적인 방식이 아니다. 간접적으로, 스타일로 나타난다"(Hebdige 1979: 16). 하위문화가 지배 블럭에 직접 도전하지 않는다거나(정치적 발언을 하는 대중음악도 있다) 그 구성원 개개인의 의식 아래에 잠재해 있다는 추단들이 의심스럽긴 해도, 헵디지는 헤게모니 투쟁의 일상적 본질을 효과적으로 포착해 냈다. 서발턴들을 회유하려는 지배 블럭의 언어가 거꾸로 저항의 무기가 되듯이('자유'나 '평등' 같은 말들), 하위문화는 주류사회의 물질문화를 전복의 도구로 쓴다는 것이다. 1960년대 유행한 하위문화의 나르시시즘 스타일은 수트, 스쿠터, 깔끔하게 자른 머리가 갖는 '직접적인' 의미를 "공격무기로 바꿔 놓는다"(위의 글: 104). 이 행위는 모든 사람들을 대변한다는 헤게모니 기획의 주장을 거스른다. 하위문화는 스타일을 활용해 '정상화' 과정에 끼어든다. 그들의 전술은 "'침묵하는 다수'를 불편하게 만들고, 조화와 단결이라는 원칙에 도전하며, 합의라는 신화의 모순을 드러내는 어떤 발언에 근접한 몸짓이고, 행동이다"(위의 글: 18).

헵디지는 하위문화 저항이 다른 집단들, 특히 카리브해 이민자들과의 정서적이고 스타일적인 연합을 형성하게 하므로 더 확장된 저항 혹은 대항 헤게모니라고 애써 강조한다. 그러나 그가 초점을 맞춘 스타일 자체가 이 주장의 약점이다. 스타일 혁명은 처음엔 '곧장' 사회에 충격을 주지만 점차 자본주의 패션 및 예술 시스템에 협력하게 된다. 노동계급 청년이나 흑인 청년이 처한 피지배 상황을 근본적으로 바꾼다기보다는, 주류사회에서 받아들일 수 있는 한계를 재조정하는 역할에 그치는 것이다. 헵디지는 하위문화적 대항 헤게모니를 확장된 헤게모니로 보고 싶어 하지만, '잘나가는' 소수의 청년들에게 집중하기 때문에 대다수 청년들과는 거리가 있는 아방가르드 스타일에 의지할 수밖에 없다. 6장에서 보게 되겠지만, 아방가르드는 그람시의 리더십 개념과는 그다지 어울리지 않는다.

폴 윌리스의 연구도 이와 비슷한 제한적인 대항 헤게모니를 다룬다. 윌리스는 《노동 학습Learning to Labour》(1977)에서 노동계급 문화의 역할에 주목했다. 그중에서도 특히 관심을 기울인 것은 노동계급 소년들이 노동 분야에서 자신의 미래를 어떻게 기대하는지와 큰 관계가 있는, 중등교육에서의 '반反학교문화'였다. "노동계급 아이들을 연구할 때 가장 곤란한 지점은, 이 아이들이 노동계급 직업을 선택하는 이유를 설명하기 어렵다는 것이다"(Willis 1977: 1). 윌리스는 스스로 이런 답을 내놓는다. 노동계급 청소년들은 자신들의 종속 상태를 다른 것으로, 즉 "진정한 배움으로, 긍정으로, 전유로, 그리고 저항의 형식으로" 바꿔놓는 피지배 정체성을 내세운다(위의 책: 3). 확장된 헤게모니의 거울 이미지 속에서, 가장 말썽 많은 소년 집단은(윌리스는 '사내아이들'이라고 부른다) 자신들의 실제 관심사를 표현하기 위해 피지배 상태를 이용한다.

"언제나 완전히 터뜨리기 전에 멈추는, 우리에 갇힌 분노"(위의 책: 12-13)인 '사내아이들'의 반항은 학교교육의 수사학이 낳은 결과이자 원인이기도 하다.[3] 정치인, 교사, 부모들은 모든 학생들이 어떤 계급에 속하든지 간에 기본적으로 유용한 교육을 받고 있다고 믿는다. 그러나 학교는 공장의 노동분업을 따라 하면서 훌륭한 노동자가 되는 법을 아이들에게 가르친다. 학교에서 권력은 교사에게 집중되며, 불공평한 권력 분배에 잘 순응하는 학생이 '훌륭한' 학생이다. 하지만 '사내아이들'은 마초 흉내를 내는 농담을 내뱉으면서 반항해 학교교육의 틀과 자신들을 구분 지으려고 한다. 이 행동은 나중에 자신들이 노동 세계에 진입하게 되든 말든 신경 쓰지 않겠다는 태도이기도 하다. 따라서 비록 윌리스는 이들이 보여 주는 창의성을 무시한다면 대항 헤게모니 창출도 불가능할 것이라며 희망의 끈을 놓지 않지만, 이들의 저항은 궁극적으로 자본주의 체제의 원활한 운용과 잘 맞아떨어진다.

'사내아이들'이 완전히 대항 헤게모니로 자리잡을 수 없는 이유 중 하나는 젠더, 섹슈얼리티, 인종이라는 프리즘으로 바라볼 때 이들은 단순한 피지배계급이 아니라 지배자이기도 하기 때문이다.

> 노동계급 문화 자체가 가진 가부정적 남성우월주의와 성차별주의가 넓게 퍼져 있어서, 이 아이들이 보여 주는 날카로운 통찰마저

---

[3] 학교교육은 반항적인 아이들을 순치시키기 위해 존재한다고 말할 수도 있고, 반대로 아이들의 반항이 억압적인 학교교육 때문에 나타난다고 볼 수도 있다는 의미다.

종종 의도치 않게 제한되거나 왜곡된다는 것이 이들이 처한 상황의 비극적 측면이다(Willis 1977: 3).

《노동 학습》은 성차별 문제를 형식적으로 대충 설명하고, '사내아이들'의 명백한 인종차별이나 동성애 혐오를 슬쩍 감춰 준다는 비판을 받았다(Skeggs 1992). 그러나 어느 정도 한계가 있더라도 우리는 이 책의 해석에서 서로 대립하는 정체성들에 관해 생각해 볼 기회를 얻을 수 있다. 한쪽에서 종속적인 정체성은 다른 한쪽에서는 얼마든지 헤게모니적이거나 지배적인 정체성이 될 수 있다. 헤게모니, 지배, 저항을 숙고해 본다면, 권력이 만든 여러 형태들에 주의를 기울여야 한다는 사실을 알 수 있다. 지배 블럭 자체의 정체성도 완전히 통일되고 불변하는 것이 아니라 다양하고 때로는 모순적인 정체성들의 혼합물이다. 이 문제는 책 말미의 '그람시 이후'에서 더 자세히 살펴볼 것이다.

4장에서 보았듯이, 서발턴의 정체성도 피지배층의 정체성도 이데올로기적으로 강제되는 것이 아니다. 오히려 이들은 제 정체성을 힘주어 주장하고, 이때 헤게모니 기획은 세계에 대한 이해를 담고 있는 상식과 결합한다. 헤게모니 블럭이 서발턴들의 열망에 응답하면서 상호작용을 거쳐 변화한다는 점에서, 헤게모니 이론은 기능주의functionalism(사회의 각 부분이 모두 사회통합을 향해 작동한다는 개념)와 구분된다. 5장에서는 이 주고받는 관계가 문화제도 안에서 상징적으로 드러나는 방식을 알아본다.

제 5 장

헤게모니 사례 2
: 재현과 제도

Antonio
Gramsci

권력의 내러티브

앞 장에서 본 것처럼, 특정 주체 위치를 지지하거나 거부하는 이미지와 텍스트의 유포는 정체성 형성에 어느 정도 영향을 끼친다. 그람시는 세계관 형성에서 재현이 하는 역할에 관심이 많았지만, 그의 시야는 주로 문학에 한정되었고 당시의 주요 대중 오락이었던 영화나 댄스 음악에까지는 미치지 못했다. 이제 우리는 대중문화의 허구적 재현물들이 서발턴 집단들을 상징적으로 용인해 주면서 재현물의 소비자들과 협상하는 방식을 알아볼 것이다. 그러나 협상이 헤게모니 투쟁에서 텍스트가 지닌 유일한 전략은 아니다. 어떤 텍스트는 지배집단의 이미지를 가다듬고자 서발턴 문화에 손을 뻗친다. 지배받는 자들의 목소리를 빌려 말하거나, 피지배자들과 같은 목적을 가지고 있다고 표방하는 식이다. 또 다른 텍스트들은 텍스트 층위에서 저항하여 일상 현실 속에서는 제기하기 어려운 문제들을 상징적으로 해결하려고 한다.

대중문화 픽션들을 살펴보는 것은 중요한 일이다. 재현에서 지배와 저항이 어떻게 작동하는지를 놓고 예전의 개념들과 그람시적 접근이 충돌하는 지점이기 때문이다. 소설이나 영화 같은 문화 형식은 형식적으로든 제도적으로든 자본주의, 인종차별주의, 가부장제, 이성애중심주의에 깊이 침식되어 있으므로 불평등을 유지하고 재생산하는 쪽으로 세계를 그려 낼 수밖에 없다는 것이 텍스트 연구 분야의 주요 입장이었다. 반대로, 주류문화 바깥에서 만들어진 텍스트에만 주목하는 쪽도 있다. 대중문화 출현 이전에 나타난 '민속' 양식이나, 지배적 재현의 형식적이고 이데올로기적인 관습과 마찰을 일으키는 아방가르드 텍스트가 그 대상이다. 텍스트 행위를 헤게모니 개념으로 이해하려는 접근은 이 두 입장을 모두 거부한다. 대중 영화, 음악, 소설이 지배 사회집단의 세계관을 단순히 재생산하기만 한다면 서발턴들의 상상 속에서 생명력을 얻을 수 있을까? 민속물이나 아방가르드 텍스트들이 대항 헤게모니의 기반을 다질 만큼 충분한 확장성을 가질 수 있을까? 그람시 이론의 입장에서 보면, 대중 텍스트들은 추앙의 대상도, 경멸의 대상도 아니다. 우리는 대중문화 생산물들이 "지배집단과 종속집단 사이의 투쟁과 관계 맺으며" 만들어지는 방식에 주의를 기울여야 한다(Willis 1995: 180).

다음 절에서는 서발턴과 하위집단들을 호출하려고 하는 텍스트들을 검토하겠으나, 이 절에서는 지배 블록의 정당성을 주장하고 그 지배를 '국민-대중'적 차원으로까지 확장하려고 하는 재현들을 분석해 볼 것이다. 백인 남성성을 재생산하는 액션 스릴러 영화들이 분석 대상이다. 우선, 선명하고 날카로운 서술이 담긴 앤드류 로스Andrew Ross의 글 〈위대한 백인 친구Great White Dude〉(1995)를 참고해 보자. 이 글은 지배권력이 서발턴과 협상하는 양상보다는, 대중 텍스트에서 지배권력이 서발턴이라는 용어를 어떻게 전용하는지에 초점을 맞춘다. 로스는 스티븐 시걸 주연의 〈죽음의 땅On Deadly Ground〉(1994)을 예로 든다. 시걸은 석유 시추 장치 소방관으로 출연해, 알래스카의 대자연을 망치고 원주민 이누이트들의 터전을 파괴하려는 음모를 꾸미는 석유회사와 사투를 벌인다. 우연찮게도 주인공의 이름은 숲forest과 유사한 포레스트forrest다. 영화가 절정에 달했을 때 포레스트는 이누이트 사람들 앞에서 일장 연설을 한다. 환경파괴는 너무나 무서운 일이고, 오염을 일으키는 회사들의 손아귀에서 지구를 지켜야 한다는 것이다.

로스의 분석에 따르면 이 대목은 흔히 대항문화나 대항 헤게모니 운동으로 간주되어 온 환경보호주의가 대중적 픽션에서 반동적인 방향으로 해체·재조립되는 모습을 보여 주는 장면이다. 〈죽음의 땅〉은 환경보호의 정치적 의미를 두 가지 방향으로 변경시키려고 한다. 하나는 미국의 자유주의 전통이다. 이 영화에 등장한 대기업이나 국가처럼, 개인의 자유를 침해하는 어떤 장애물이 생기면 개인은 총을 들고 대항해도 좋다. 또 하나는 백인 남성성이다. 환경보호는 자연과 맞서거나 자연 속에서 살아가는 '원주민' 정체성을 백인 남성이 찬양하게 하는, 드물지만 편리한 수단이다. 환경보호주의는 "위대한 백인 친구가 전통적으로 백인 남성 영웅 정체성과 결부되어 온 야생의 신비에 탐닉하면서 모자를 벗고 경의를 표할 만한 장소를 진보 정치의 영역 안에 마련해 준다"(Ross 1995: 174).

로스는 지배 블록 일부가(사실상 지배 블록의 핵심부가) 스스로의 위치를 재조정하는 순간을 포착한다. 사실은 방어적인 반응에 가깝지만, 지배 블록은 국민과 젠더 정체성의 의미를 다시 규정하는 공격적인 자세를 취한다. 대중 영웅의 매력이 어디에서 나오는지를 분석한 아래 연구에서 시대가 변할 때에도 비슷한 대응이 나타난다는 사실을 확인할 수 있다. 《제임스 본드와 그 너머Bond and Beyond》(1987)를 쓴 토니 베넷과 자넷 울라콧은 제국의 지위를 잃은 영국의 상황, 자본주의와 공산주의의 대립, 성별 간의 갈등 등 다양한 정치사회적 논란거리들을 유연하게 한 코에 엮어 주는 수단이 제임스 본드 시리즈의 내러티브라고 주장한다. 본질적으로 다른 현상들의 연결(그람시의 말을 빌리자면 '봉합')은 지배이데올로기를 강요하는 것이 아니라 "주체성을 흔들고 변화시키기 위해 하나를 다른 하나 위에 겹치면서"(Bennett and Woollacott: 235) 하위집단과 지배집단의 이데올로기가 잘 맞물리게 한다는 것이다.

제임스 본드가 등장하자마자 대중들의 영웅이 된 것은 아니다. 본드 시리즈 초창기에는 대도시에 사는 문학 애호가들이 주요 독자층이었다. 작가 이언 플레밍과 편집자 조나단 카페는 이 독자들이 조금 삐딱한 태도로 본드가 나오는 소설을 읽었다고 회고한다. 그러나 1957년에 다섯 번째 본드 소설인 《러시아에서, 사랑을 담아From Russia, With Love》[1]가 중산층들이 즐겨 보던 신문인 《데일리 익스프레스》에 연재되면서 본드 소설의 독자층이 확 넓어졌다. 《러시아에서, 사랑을 담아》에는 다른 본드 소설들과 달리 정치적 배경이 분명하게 드러나 있었고, 본드가 소련 스파이에게 패배를 안겨 주는 장면은 "영국이 다시 한 번 세계의 중심에 설 수도 있다는 상상을 눈앞에 그려 놓아" 주었다(위의 책: 26). 대영제국이 급속도로 사라지고 그 국제적인 영향력도 쪼그라드는 시기에 이 소설은 큰 호응을 얻었다.

1960년대 들어 영화로도 제작되면서 제임스 본드는 영국 전역에서 사랑받았을 뿐만 아니라 국제적으로도 널리 알려진 영웅이 되었다. 이로 인해 본드 캐릭터 자체도, 영화에서 계속 반복되는 모티프들도 변화를 겪는다. 베넷과 울라콧은 영화의 주연 배우로 캐스팅된 스코틀랜드 노동계급 출신의 숀 코너리에 주목한다. 영화 속 본드의 상사들이 가부장적 태도를 보이는 상류계급 인사들인 데 반해, 이 캐스팅은 '계급이 사라진' 현대 영국을 상징한다는 것이다. 영화에 등장하는 '본드걸'들도 현대화와 관계가 있다. 본드걸들의 섹슈얼리티는 "가족, 결혼, 가정의 속박에서 해방되어" 있기 때문이다(위의 책: 35). 본드 영화에 나타난 변화는 헤게모니 과정에 가담하는 대중적 픽션의 유연성을 잘 보여 준다. 1950년대의 본드는 제국주의 시대의 자존심을 다시 살려 주는 상징적 존재였다. 터프하고 프로페셔널한 데

[1] 1963년 개봉한 동명의 영화는 한국에서 '007 위기일발'이라는 제목으로 개봉되었다.

다 반항적인 60년대의 본드는 '단절과 계승을 모두 보여 주는 영웅'이었다. 홀로 모험을 떠나는 과거 민담 속의 주인공이자 테크놀로지와 능력중심주의가 주도하는 미래의 스파이인 본드는 억압적인 기성 체제에 맞서면서도 두 역할을 모두 해낸다.

이제 우리는 텍스트가 그 소비자들과 어떤 식으로 협상하는지를 어느 정도 들여다본 셈이지만, 대중들의 감정이 언제나 현대, 진보, 자유를 향하는 것은 아니다. 베넷과 울라콧은 본드 영화에서 그려 내는 국제정치가 지나치게 애국주의 일변도로 흐르고, 젠더 재현이 페미니즘의 성취를 깎아먹을 정도로 왜곡되는 '본드의 변화'를 포착한다. 우리는 제임스 본드 텍스트가 시대가 변할 때마다 왜 스스로 변화해야만 했는지 의문을 품을 수 있다(자연스럽게 독자들은 최근의 본드 영화들이 보여 준 변화를 떠올리게 될 것이다).

저자들에 따르면, 1950년대와 80년대 사이의 영국에서는 전통적 방식의 리더십이 한계에 부딪혔으나 새로운 대안은 아직 분명하게 제시되지 않은 상태였다. 이 상황에 허구적 재현물들은 정치사회 제도들보다 더 재빠르게 반응할 수 있었다. 본드 텍스트들은 "동의를 만들어 내는 다른 실천들의 공백을 메꾸면서" 보수적인 방향으로 반응했다(위의 책: 282). 대중적 픽션들은 "대중들의 정서에 민감하고, 어떤 이데올로기 연합체가 '대중을 이끌어 가는 힘'을 잃을 때를 곧바로 기록"한다. 또한 대중의 취향에 맞추어 '이데올로기를 조정'해 새로운 헤게모니 균형 속으로 대중들을 되돌려 놓고 공백을 봉합하기도 한다.

우리는 지배 블록이 대중들의 지지를 얻기 위해 스스로 모습을 바꾸려고 시도할 때 텍스트가 어떤 역할을 하는지를 알아보았다. 그렇다면 텍스트는 '대중들' 자체를 어떻게 다루는 것일까? 텍스트가 지배이데올로기로 편입되지 않고 저항을 표출할 가능성도 있을까? 다음 절에서 이 문제를 탐구해 보자.

협상과 저항

이 절에서는 텍스트 내에서의 협상 문제를 다루기 위해 본드 시리즈보다는 이데올기적 양보가 많이 나타나는 세 편의 영화를 분석한다. 저항에 좀 더 근접한 텍스트들을 살펴보면서 대항 헤게모니의 가능성을 타진해 볼 것이다.

텍스트 협상 연구들은 계급, 인종, 젠더에 걸친 다양한 사회관계를 읽어 내면서 생산적인 결과를 냈다. 할리우드 영화에 등장하는 대기업 이미지를 독해한 주디스 윌리엄스의 연구(1991)도 그중 하나다. 자본주의 회사들은 그 경제적 성취에도 불구하고 '대중'과의 감정적 교류에 실패했고, 그 결과 차갑고 동떨어진 존재로 등장한다. 〈에디 머피의 대역전Trading Places〉(1983)과 〈워킹걸Working Girl〉(1988)은 자본주의와 대중의 열망을 조화시키고, 자본주의가 사업 분야에서 작동하는 방식에 도전하려고 한 영화들이다.

〈대역전〉에서, 갑부인 듀크 형제는 흑인 도박꾼인 빌리 레이 발렌타인(에디 머피)과 주식 중개인인 그들의 조카, 루이스 윈서로프(댄 애크로이드)의 처지를 뒤바꾸는 장난을 친다. 영화 전반부에서 빌리 레이는 거리에서 익힌 육감을 활용해 큰돈을 벌어들이면서 승승장구한다. 하지만 백인 정체성이라는 특권을 잃어버린 루이스는 갑자기 가난한 처지로 내몰린다. 듀크 형제의 계략과 인종차별을 알아차린 두 사람은 영화 후반부에 힘을 합쳐 듀크 형제를 무너뜨리고 막대한 재산을 차지한다. 이 텍스트에서 두 주인공은 자신들이 지닌 가치를 서로 교환한다. 빌리 레이가 '사업가의 진취성'을 지녔다면, 루이스는 '혈통'을 갖고 있다. 두 가치는 "기업이 탐욕과 잔인성을 드러낼 때 혈통은 노블레스 오블리주를 제공하며, 혈통이 속물근성과 불공평성을 노출할 때 기업은 능력주의와 개방성을 보완"하는 식으로 서로 맞물리며 작동한다(Williason: 157).

〈워킹걸〉의 주인공인 테스 맥길(멜라니 그리피스)도 빌리 레이처럼, 불리한 조건을 안고 있지만 알고 보면 똑똑한 사람이다. 테스는 대기업에서 타이핑이 주 업무인 비서 일을 하고 있다. 그녀는 대중문화를 잘 꿰뚫고 있는 본인의 감각을 이용해 더 높은 자리로 올라서려고 한다. 테스의 상사이자 회사의 특권 계층에 속하는 캐서린(시고니 위버)은 계속 테스에게 모욕을 주면서도 몰래 그녀의 아이디어를 도용한다. 결국 속임수가 들통나면서 캐서린은 해고당한다. 앞에서 '탁월성' 담론을 논의하면서 보았듯이, 텍스트는 서로 다른 정체성이나 이데올로기를 결합시킨다. 이 영화에서 자본주의적 가치는 노동계급 여성으로서 테스가 지닌 인간적 자질들과 구분되지 않는다. 자본주의가 성공하려면 테스가 지닌 용기, 헌신, 정직이라는 윤리가 필요한 것이다. 윌리엄스은 흥미로운 엔딩 신에 주목한다. 영화의 주제곡인 칼리 사이먼의 〈뉴 예루살렘New jerusalem〉이 흐르고, 창가에 앉아 있는 테스를 클로즈업하던 카메라는 점점 줌아웃되어 밝은 햇살을 받고 있는 맨해튼의 고층 빌딩들을 보여 준다. "자기가 속한 곳에서의 신분 '상승'은 곧장 정신적으로나 물질적으로나 의미 있는 함축을 낳는다. 사회는 개선될 것이다. 단순한 탐욕 너머에는 '고상한' 가치나 윤리가 존재한다"(위의 책: 160).

이 같은 협상은 여러 '여성영화'에서 나타난다. 〈실리아의 노래Millions like Us〉(1943)는 제2차 세계대전 시기에 선전과 홍보를 맡았던 정보부의 후원으로 제작된 영화다. 전시에는 협상보다 강제가 우선시되었으리라 생각하기 쉽지만, 전쟁에 시민들을 동원하려면 하위집단들의 동의가 필요하다. 더욱이 제2차 세계대전이 발발했을 때 영국은 특수한 상황에 처해 있었다. 제1차 세계대전의 참혹한 기억이 아직 남아 있었고, 전쟁이 끝난 후 어려운 환경을 헤쳐 나가야 했으며, 초기에 시도한 선전 활동들은 별다른 성과를 내지 못했다. 그 때문에 전쟁은 애초부터 인기가 없었다. 정부와 민중 사이의 거리를 좁힐 수단을 마련해야 했다. 남성과 여성이 모두 뛰어든 이 '민중의 전쟁'이 단순히 독일의 패배만 가져오는 것이 아니라 영국 사회 자체를 변화시킬 것이라는 확신을 심어 주는 것이 목표였다. 제프 허드에 따르면, "전쟁은 긴급하게 지배를 헤게모니로 전환해야 하는 상황을 낳았다. 하위집단과 계급들의 열망에 신속하게, 진정성을 가지고 대응해야 했던 것이다."(Hurd 1984: 18). 그 열망이란, 전쟁이 끝나면 더 많은 평등과 사회정의가 이루어지리라는 기대였다.

그러나 개별 텍스트들은 레이먼드 윌리엄스(1980)의 표현을 빌리자면 '부상하는emergent' 요소들과 '지배적인dominant' 사회 불평등의 이미지들을 뒤섞으면서, 이 진보적 국민-대중 의식을 두고 협상을 벌인다. 〈실리아의 노래〉는 전시 여성 노동자 동원을 노린 영화였지만 이 문제를 일시적인 수단으로만 사용한다. 여성 노동력의 단기적 필요성과 계급 및 젠더 관계의 장기적 변화 간의 긴장은 서사와 긴밀하게 연결되어 있다.

주요 플롯은 두 가지다. 하나는 전시 노동 동원에 징발된 하층계급 여성인 실리아(패트리샤 락)가 중심이다. 실리아는 처음에는 공장 노동에 별다른 흥미를 느끼지 못해 불안해했으나 계급 구분 없는 여성들의 공동체에서 안정을 찾는다. 로맨틱한 몽상을 즐기던 실리아는 비행기 조종사와 결혼하지만, 임무 중 남편이 사망하자 다시 여성들이 만든 유사가족의 품으로 돌아간다. 영화의 마지막 장면에서 공장 위문공연을 지켜보던 실리아는 여러 사람과 함께 가수의 노래를 따라 부른다. 국가의 부름에 응답하겠다는 실리아의 결심을 강조하는 장면이다.

또 다른 플롯은 부유층 출신이며 속물적인 제니퍼(앤 크로포드)를 중심으로 진행된다. 제니퍼는 지배계급을 재현한다. 영화 대부분의 장면에서 제니퍼는 공장 일이건 인성 문제건 다른 하층계급 출신보다 못한 사람으로 그려진다. 그러다가 공장 감독관 찰리(에릭 포트만)와 사랑에 빠진다. 영화 후반부에서 찰리는 의미심장하고 진보적인 대사를 말한다. 그들의 사랑은 계급 갈등이 잠깐 멈춘 덕분에 가능했다는 것이다. "전쟁이 끝나면 무슨 일이 벌어지겠어? 계속 이렇게 지낼 수 있을까, 아니면 뒷걸음질치게 될까? 나는 그걸 알고 싶어. 확신이 들 때까지 나는 제니, 당신과 결혼하지 않을 거야."

이 장면만 놓고 보면, 계급 문제에서는 진보적인 가치가 더 우세한 자리를 차지하는 것처럼 보인다. 그러나 앤드류 힉슨(1995)의 말처럼 이 영화는 젠더 불평등을 계속 재생산하고 있다. 여성들은 남성들의 감독을 받고, 감독관 뒤에는 거의 눈에 띄지 않지만 그들의 행동을 제어하는 국가가 존재한다. 게다가 영화는 엄격한 도덕 규칙에 따라 진행된다. 실리아와 제니퍼는 미래에 가부장제 가족을 이루기를 꿈꾸며, 여성 노동자들이 만든 탈가부장제적 '가족'은 이들에게 로맨틱한 충동이나 성적 욕망을 자제하라고 종용한다. 힉슨은 진정한 텍스트적 양보가 이루어진 것인지 의문이라고 지적한다. 서사의 중심에 있는 캐릭터들은 변화를 바라지 않으며, 〈실리아의 노래〉는 "보통 사람들, 노동자들을 서사의 중심에 놓는다. 존중받을 만한, 중하층에 해당하는 이 사람들은 결국에는 사회개혁에서 특권을 얻는 사람들이다"(Higson 1995: 243).

여기까지 우리는 어느 정도 협상이나 양보가 있다 하더라도 어떻게 지도 블록의 권위가 재현에서 유지되는지를 살펴본 셈이다. 그러나 이보다 더 분명하게 지배 블록에 도전하여 가치와 믿음을 근본적으로 흔들어 놓으려고 하는 텍스트들도 있다. 재현에서 구현되는 대항 헤게모니의 증거를 어디에서 찾을 수 있을까?

저항 방식을 헤게모니 차원에서 일관성 있게 분석한 연구로는 힙합을 다룬 트리시아 로즈의 《검은 소음Black Noise》(1994)이 있다. 지배집단의 가치와 전략에 물들어 있는 일반 대중문화 바깥에서 저항이 출현한다는 것이 로즈의 주장이다. 그 대신에 저항은 본모습을 감추거나 약호화된 문화 행위의 형태를 취한다. "자신들에게 찍힌 낙인을 전복시키고, 계급과 집단의 무대 바깥에 존재하는 문화에 우리의 주의를 돌리게 하며, 권력을 갖지 못한 이들의 인식을 유효하게 만드는" 식이다(Rose 1994: 100).

랩 음악으로 터뜨리는 아프리카계 미국인들의 분노는 로즈의 말을 빌리자면 '숨겨진 기록'에 가깝다. 그러나 랩이 자본주의 음악산업 속에서 그 숨겨진 형식을 완전하게 유지할 수 있을지는 의문이다. 음악산업은 전 세계에 '진정한' 표현 형식들을 배급하면서 이익을 얻고 그 정치적 내용은 증발시키기 때문이다. 따라서 랩은 숨겨진 영역과 공공영역 사이의 공간에 존재한다. "공공연하게 저항하면서도, 그 내용과 경계는 흐릿해지는" 상황에 놓인 것이다(위의 책: 101). 베넷과 울라콧의 대중 픽션 연구에서 본 것처럼, 랩은 문화 변화에 발빠르게 대처하면서 뒤늦게 움직이는 제도 변화보다 한 발짝 앞섰다. "새로운 이데올로기 간극이나 모순이 발생하면 새로운 잡종개가 으르렁거리며 짖고, 뒤따라 새로운 개잡이가 나타난다." 로즈의 말이다(위의 책: 102).

로즈의 주장은 앞서 대항 헤게모니의 가능성을 모색할 때 우리가 마주친 문제들을 떠올리게 한다. 랩은 아프리카 디아스포라들을 연결시키고 인종의 경계를 뛰어넘지만, 몇몇 래퍼들의 랩에 담긴 성차별주의, 동성애혐오, 반유대주의는 저항 가능성을 제약한다. 그래서 로즈는 이미 주변화된 문화 생산의 주변부에 있는 집단인 여성 래퍼들에게 눈길을 돌린다. 아마도 여기에서 저항의 순수한 형태를 발견할 수 있지 않을까? 여러 곤란한 지점들을 안전하게 피해 갈 수 있는 지점인 여성 래퍼의 활동은 "흑인 남성이 가하는 성적 대상화 방식과 미국의 지배문화가 만든 문화적 불가시성"에 저항한다(위의 책: 170). 그렇지만 이는 전면적인 저항 행위라고는 할 수 없다. 로즈는 여성 래퍼들이 백인 여성성과 결부된 정치적 기획인 페미니즘에도 경계심을 품고 있다고 강조한다. 그렇다면 '지배적'인 인종차별과 성차별 이데올로기에 반대하는 순수한 공간으로 보이던 이 장소는, 여성 래퍼, 마초적인 흑인 남성성, 백인 페미니즘 사이의 복잡하고 변화무쌍한 대화에 가깝다.

로즈의 연구는 하위집단 문화 생산의 한계를 보여 주는 것일까? 먼저 그람시 이론의 틀 안에서 '저항'의 순수한 계기를 개념화하기가 대단히 어렵다는 사실은 분명히 해 두자. 피지배집단의 정체성과 재현 양식은 지배 블록의 헤게모니 기획에 참여하면서 형성되는 것이기 때문이다. 이 말은 일종의 문화적 비관론을 뜻하는 것이 아니다. 다시 말해 서발턴 집단들이 지배 블록 안에 완전히 헤게모니화되고 다른 목소리들이 '절멸'된다는 의미는 아니다. 이 다른 목소리들은 지배집단의 표현 관습과 대화하면서 제 목소리를 낸다. 스튜어트 홀은 카리브해 대중문화를 논하면서, 섬 주민들에 대한 제국주의적 재현들을 완전히 '거부하는 것'은 대단히 어려운 일이라고 했다. 이들의 독자적 정체성이 가장 확연하게 드러나는 순간에조차, 그 재현들은 카리브해 정체성의 일부이기 때문이다. 홀은 이렇게 질문한다. "긴장이 넘치고 고통스러운 이 대화를 누가 감히 '일방통행'이라고 말할 수 있겠는가?"(Hall 1990: 234).

제도적 헤게모니

이 장을 읽어 나가면서 우리는 우연처럼 계속 어떤 문제와 마주쳤다. 학교, 여성 경영계, 음악산업, 영국 정보부는 모두 일련의 가치를 전파하는 제도들이다. 그 가치들이 '지배이데올로기'와 동일하지는 않다. 제도는 특정한 조직 및 실천 형태를 가진다. 따라서 혈관 속에 용액을 주사하는 것처럼 별다른 마찰 없이 가치를 주입하지는 못한다. 제도는 지배집단과 이들이 노리는 대상 사이를 '매개한다'. 제도는 지배집단에게 꼭 필요한 도구이기는 하나, 그 자체의 환경과 관습을 거쳐 협상하는 방식으로 가치를 생성하는 경우가 많다. 이제 살펴볼 제도는 앞에서도 이야기한 바 있는 BBC이다. 몇 년 전에 벌어진 한 사건에 초점을 맞춰서 제도, 국가, 공공영역 사이에서 벌어지는 마찰을 관찰해 볼 것이다.

영국의 BBC는 국영방송사가 하는 역할을 일부 하기는 하지만, 정부의 입맛에 맞는 뉴스만을 내보내지는 않는다(BBC는 영국 국왕에게 칙허장을 받아 운영되는 공영방송사로, 방송을 시청하려면 시청료를 내야만 한다). 2003년, BBC는 미국 주도 동맹국들의 이라크 침공을 정당화한 군사정보가 조작되었다고 보도했다. 노동당 정부, 그리고 전쟁을 지지한 미디어들은 즉각 BBC에 맹공격을 퍼부었고 갈등이 심각해졌다. BBC 보도의 중요 취재원이었던 데이비드 켈리 박사의 자살에 주로 초점이 맞춰졌지만, 이보다 더 넓은 맥락에서 10년마다 갱신되는 BBC의 칙허장을 두고도 논란이 벌어졌다. 이 논의의 결과는 2005년에 공표되었고, BBC라는 제도의 위상에도 의문이 제기되었다(BBC는 상업방송과 공영방송의 성격을 모두 갖고 있으며, 근본적으로 자율 규제에 의존한다).

이 사건에서 우리는 헤게모니에 관한 몇 가지 문제들을 이끌어 낼 수 있다. 첫째, 이 사건은 시민사회와 정치사회를 나눈 그람시의 구분을 되짚어 보게 한다. 그람시는 “흔히 ‘사적인 것’이라고 불리는 유기체적 총체”(시민사회)와 강제적인 국가(‘정치사회’)를 구분했고, 헤게모니는 우선 시민사회에서 획득되어야 한다고 주장했다. 그러나 현대사회에서는 국가의 역할도 대단히 확장되었지만(더불어 강제하는 역할은 줄어들었다), 국가와 상업 사이의 경계는 흐릿해졌고, 국가기관들은 기업의 후원과 투자를 받거나 자금을 운용하여 국가가 직접 제공하지 않는 수익을 내야 한다. BBC는 영국의 공식 방송사로서 '국가' 역할을 하고(BBC 월드 서비스를 예로 들 수 있다), 영국 사회의 사적 영역을 구축하는 연예 프로그램들을 관리·제작·방송하는 '사적인' 역할도 하며, 방송을 내보내고 해외에 판매하는 '상업적' 역할까지 맡고 있다.

둘째, 이 사건은 제도가 높은 수준의 자율성을 갖는다는 사실을 알려 준다. 정당, 미디어, 회사, 종교 단체 등의 제도들이 각기 다른 이해관계를 가지고 있어서 일치된 의견을 내놓지 못하는 것은 '성숙한' 민주주의사회의 구조적 특성이다. 자본주의적 민주주의 자체에 문제를 제기해서 '본질을 건드릴' 수는 없으므로 확실한 한계가 있기는 하지만, 이렇게 표출된 차이들을 사소하다거나 환상이라고 치부할 수는 없다. 그람시가 말한 "상부구조에서 나타나는 불협화음의 앙상블"은 자기비판이나 제한된 변화가 가능하다는 것을 보여 줌으로써 사회구조를 정당화한다. 켈리 사건에서 특기할 만한 지점은, 노동당 정부가 정당성이 흔들릴 위험을 감수하면서까지 법적이고 강제적인 수단들을 동원해서 BBC에게 권력을 행사했다는 것이다.

셋째, 제도들은 '대중'을 대변하려고 서로 경쟁한다. 엘스페스 프로빈(2000)은, 대항 헤게모니 차원에서 맥도널드의 영업 행태에 대한 비판이 쏟아지는데도 그 인기가 수그러들지 않는 현상을 분석했다. 맥도널드는 회사의 가치와 가족의 가치를 한데 묶어 소비자에게 곧장 호소하는 방식으로 그 이미지를 구축해 왔다. 맥도날드의 광고 전략은 함께 식사하는 가족과 '글로벌 패

밀리'를 연결짓는 것이다. 그렇게 함으로써 "돌봄의 윤리를 세계적 자본주의의 영역으로 확장하고, 그 소비자를 세계화된 가족적 시민으로 창조해 낸다"(Probyn 2000: 35). BBC의 칙허장 갱신에 대한 비판은 대중을 겨냥한 프로그램들을 문제 삼았다. BBC는 '양질의'(달리 말하자면, 상층과 중류층을 위한) 라디오 및 텔레비젼 프로그램을 만들어야 하는데도 대중 취향에 맞추는 정책을 취하고 있다는 것이 그 비판의 골자였다. 양질의 프로그램 제작에만 치중하면 진정 '국민-대중'적인 제도로서의 위상은 흔들리게 될 것이다. 매개 역할을 하는 여타 제도들과 마찬가지로, BBC도 한편으로는 상위 권력을 만족시키고 다른 한편으로는 대중에게 다가가야 하는 부담을 안고 있다.

넷째, 제도는 다음 장에서 자세히 다룰 '지식인'들의 집합체이기도 하다. BBC의 구조나 방향도 중요하지만, 이 조직이 개인과 팀들이 모인 집단이라는 점도 간과되어서는 안 된다. 켈리 사건 보도에서 가장 화제를 모은 사람은 처음으로 정보 조작 가능성을 알린 앤드류 길리건 기자였다. 제도가 곧바로 한목소리를 낼 수는 없다. 개인, 조직, 구조, 관습 사이에 벌어지는 마찰과 협상은 항상 존재한다. 영화산업을 연구한 크리스틴 글래드힐(1988)은 '창의적' 개인도 회사나 주주의 전문적이고 미학적인 틀 안에서 움직일 수밖에 없고, 이 때문에 이데올로기적 갈등이 생긴다고 주장했다. "갈등은 창의성 그 자체가 지닌 이데올로기의 일부분이다"(Gledhill 1988: 69). 미디어 제도만 그런 것은 아니다. 대부분의 제도에서 모종의 거래가 이루어지며, 구성원과의 마찰을 염두에 두지 않는 제도는 거의 없다.

마지막으로, 제도들은 점점 세계화하고 있다. 켈리 사건에서 BBC의 보도나 칙허장 갱신 문제를 가장 시끄럽게 문제 삼은 측은 여러 신문과 방송사가 속해 있는 루퍼트 머독의 다국적 미디어 회사 뉴스 코퍼레이션이었다. 영국 정부가 관련되어 있는 만큼 이 사건을 대체로 영국이라는 한 나라의 문제로 볼 수 있겠지만, BBC와 뉴스 코퍼레이션의 대립은 미디어들이 이미 탈국가적인 미디어 시스템 안에 들어가 있고, 그 속에서 대중의 호응을 얻고자 세계적인(특히 미국의) 네트워크와 경쟁해야 한다는 사실을 의미한다. 국민 헤게모니 기획의 자리에 국제적 헤게모니가 들어서고 있는 것이다. 숀 무어즈의 위성방송 연구에서 한 인터뷰 대상자는 이렇게 말했다.

> BBC를 보다 보면 말이죠, 사회구조가, 어떤 권력이 느껴져요. 앵커들은 학교 선생 같아요. 애들을 가르치듯이 시청자를 가르친단 말이에요. 스카이 뉴스는 북미 스타일이긴 한데, 훨씬 편안해요. 동등한 사람으로 대하죠. 어린 애들을 앞에 앉혀 놓고 가르치듯이 말하진 않아요(Moore 2000: 80).

'아메리카니즘과 포디즘'에서 이 문제를 다시 다룰 것이다.

헤게모니는 비관론인가, 낙관론인가?

4장과 5장은 헤게모니 투쟁이 소비, 생산, 정체성, 규제, 재현이라는 사회적 실천의 모든 부분에서 일어난다는 사실을 보여 주었다. 헤게모니는 지배 블록, 서발턴, 대항 헤게모니의 가치들이 계속 협상, 양보, 변화하며 상호영향을 끼치는 과정이다. 질문 하나를 던지며 이 장을 마무리해 보겠다. 도미닉 스트리나티(1995)는 헤게모니가 권력 유지 방법을 다루는 이론이기 때문에 결국에는 비관론에 해당한다고 주장한다. 이 말에 동의하는가? 아니면 아무리 강력한 지도 집단이라도 피지배층의 마음과 정신 속에서 살아남아야 하므로 궁극적으로는 지배받는 자에게 침식당할 것이며, 억압적인 권력은 결국 흔들리거나 실패할 것이기 때문에 헤게모니는 근본적으로 낙관론에 해당한다는 의견을 지지하는가?

제 6 장

지식인

Antonio Gramsci

'지식인 문제'

이번 장에서는 지식인의 역할을 알아본다. 지식인은 헤게모니 기획 속에서 정교하게 다듬어지는 도덕, 철학, 이데올로기, 과학적 가치에 형태와 표현을 제공한다. 지식인 형상에 어떤 가치가 담기는지를 파악하기 위해, 또 지식인 집단 사이와, 지식인 층과 지식인들이 헤게모니화하려는 대중들 사이에 어떤 식으로 의미를 둘러싼 경쟁이 일어나는지를 이해하기 위해 몇몇 예들을 들어 볼 것이다.

헤게모니 과정은 텍스트나 제도처럼 비인격적인 현상으로 보이기 쉽지만, 지식인은 행위능력agency의 차원을 드러낸다. 그러나 이렇게 범주를 나누는 것, 그래서 행위능력을 강조하는 설명 방식은 신중하게 받아들일 필요가 있다. 앞 장에서 보았듯이 제도들은 행위주체들agent의 네트워크라고 할 수 있다. 지식인들은 제도에 속하며, 제도는 이데올로기적으로 뒷받침해 줄 수 있는 특정 기술을 가진 지식인들을 요구한다. 마찬가지로 지식인들은 어떤 식으로든 현실을 재현하지만, 권력과 거리를 두

든 두지 않든지 간에 지식인들의 이미지는 그 재현 속에서 만들어진다.

그람시가 구조보다 행위능력을 우선시했다고 비판하는 사람들도 있지만 이 의견을 너무 심각하게 받아들일 필요는 없다. 잘 알려져 있다시피 그람시의 지식인론은 "모든 사람은 지식인이다"라는 언명에서 출발했다. 그러나 그는 어느 사회에서든 소수의 사람만이 지식인 역할을 한다는 제한을 덧붙였다. 이 말의 의미는, 실용적 활동과는 구분되는 지식인 활동 일반의 특질이란 존재하지 않는다는 것이다. 모든 육체노동에도 창의적이고 사고력을 요하는 측면이 있기 때문이다.

'지식인'이라는 말의 의미는 특정한 역사적 계기에 "사회관계의 복잡성(또는 구조)"이 만들어 낸다. 이때에 어떤 실천은 지적인 것으로 특별하게 취급되고, 어떤 것은 상식이나 실용 지식으로 분류된다. 예술은 수세기 동안 지적 활동으로 인정받아 왔지만, 디자인은 20세기까지도 실용적인 지식에 속했다(지금은 대체로 둘 다 지적 활동으로 간주된다). 조리하고 식사하는 일은 실용적인 활동에 속하는 편이었으나, 현재는 요리를 전문 영역으로 삼는 지식인들이 여러 방면에서 출현했다. TV에 나오는 셰프, 음식 담당 기자, 요식업 경영자, 영양학자들은 취향의 옳고 그름을 판단해 주면서 음식의 생산자와 소비자를 매개한다.

따라서, 지식인은 생산과 서로 영향을 주고받으면서 생산의 특질을 형성하거나 스스로 기업가나 생산자 역할을 한다 하더라도(지식인들은 사상, 텍스트, 조직 구성 등등을 생산해 낸다), 특정 시기 자본주의의 생산 요구에 어느 정도 구속될 수밖에 없다. 그람시가 제기한 '집단적 지식인collective intellectual' 개념도 지식인이 자유롭게 떠다니는 독립된 사유 주체라는 통념을 무너뜨리는 데에 일조한다. 그가 말한 집단적 지식인은 혁명정당을 의미하는 것이었지만, 우리는 금융 엘리트, 예술 아방가르드, 하위문화 아방가르드, 미디어 회사처럼 집단적으로 '생각'하는 다른 제도나 집단들을 떠올려 볼 수 있다. 물론 지식인은 행위 주체가 맞다. 하지만 사회에는 지적 구조 또한 존재한다.

그람시가 지식인 문제에 천착한 이유는 무엇일까? (원래 그람시는 《옥중수고》에서 이탈리아 지식인의 역사를 다루려고 했다.) 정치적 대표 문제 때문이었다. 다시 말해, 누가 사람들을 대표해서 말하고 생각하는 자격을 가지고 있는가의 문제였다. 대개의 사회주의 지식인들처럼 그람시도 노동계급과 자신을 일치시키려고 한 부르주아였다. 사회주의는 그람시의 선택이었고, 계급적 위치에 따라 그에게 '주어진' 것은 아니었다(이를테면 그의 형제들 중 한 명은 파시스트였다). 어린 시절에, 또 토리노에서 몇 년 동안 궁핍을 겪었지만 그람시는 노동계급의 일원이 아니었고, 대학교육을 받은 공산주의자들과 공장노동자 사이를 연결하려고 한 시도들도 대체로 성공하지 못했다. 1920년대 피아트 공장 점거 기간에 운영했던 '노동자 대학'이 실패했을 때, 그람시는 "소수 집단, 제한된 인원, 몇몇 개인의 노력"으로 한계를 넘어서는 일은 불가능하다고 적었다(Gramsci 1994: 226).

중산층 지식인과 노동계급 사이의 먼 거리는 혁명 사회주의를 계속 괴롭힌 골칫거리였다. 그람시는 다시 한 번 레닌 사상에 기대어 해결책을 모색한다. 비록 지식인들이 노동계급을 위해 혁명 이론을 내놓았다 해도, 레닌이 보기에 19세기 러시아 지식인과 노동계급의 괴리는 심각한 수준이었다. "러시아에서 사회민주주의 이론은 자생적으로 출현한 노동운동과는 별개로 등장했다. 사회민주주의는 혁명적 사회주의 지식인들의 사상에서 출현했다"(Hill 1947: 68에서 재인용). 반대로 마르크스주의는 '누구에게서 나온 것도 아닌' 노동운동 속에서 나타나야 했으나 지식인들은 운동을 이끌 수가 없었다. 레닌은 혁명적 당 건설을 해결책으로 내놓았다. 예전의 노동자와 지식인들은 잘 조직된 하나의 유기체로 묶이고, 그 구성원들은 대중정당의 일원이라기보다는 '직업적 혁명가'가 되어야 했다. 레닌은 대중에게 사회주의 의식을 심어 줄 전위 혹은 엘리트의 필요성을 역설했다. 과거 체제를 완전히 전복시킬 때까지 전위조직은 국가의 강제 기구들을 장악하고 독점해야 한다. 프롤레타리아 독재 시기가 끝나면, 계급 차이는 없어지고 노동자와 지식인의 구분도 '사라질' 것이다. 공산주의 관료제가 빠르게 침투해 자리 잡은 소비에트 러시아에서 이 같은 경계 해체가 과연 일어났었는지는 더 따져 볼 문제이나, 이 시도로 많은 지식인과 노동자, 농민들이 문자 그대로 사라진 것만은 확실하다.

그람시는 지식인, 노동계급, 농민이 어떤 식으로든 융합되어야 한다는 개념을 레닌에게서 빌려 왔다. 오랜 기간에 걸쳐 성공리에 일이 진행되려면 노동계급은 자체적으로 이론가를 길러

내야 한다. 그람시는 이들에게 '유기적' 지식인이라는 이름을 붙였다. 이제 우리는 이 개념을 특정 사회집단과 유기적 관계를 맺은 지식인과, 이들에 의해 대체된 지식인(그람시는 '전통적' 지식인이라고 칭했다)을 구분하는 데에 활용할 수 있을지를 생각해 볼 것이다. 이 대립이 어느 정도까지 유지 가능한지도 따져 보아야 한다. 그람시가 말했듯이, 지식인은 유기적 기능과 전통적 기능을 다 수행할 수 있기 때문이다.

그람시의 마르크스주의는 유기적 지식인과 전통적 지식인의 관계를 역동적으로 이해하는 태도에서 보듯이, 어느 정도 '위에서 아래로' 사상이 전파된다고 이해한 레닌보다 유연하다. 그람시는 급진적 사회 변화의 전제 조건으로 시민사회의 변형을 꼽았다. 그렇다면 지식인들은 사상을 강요하기보다는 동의를 얻어 내면서 그들이 속한 세계를 바꿔 나가야 한다. 그람시의 논리는 전위적 당 건설이 아니라 지식인의 삶이 진정으로 대중적인 형태로 발전해 나가는 쪽에 초점을 맞췄다. 헤게모니 논의에서와 마찬가지로, 그람시는 지식인의 삶도 협상의 한 형태라고 본다. 떠오르는 사유 형태들(예컨대 사회주의)은 현존하는 지적 형태들, 즉 과거 지배계급의 사유나 노동자들의 상식 모두와 만나서 일종의 '일시적 평형상태'를 이룬다. 이 상태에서는 아무것도 보장받지 못한다. 사상투쟁은 아주 느리게 진행될 수도, 패배로 마감될 수도 있다.

여기까지는 지식인을 주로 정치이론가로 상정하였으나, 이 장의 나머지 부분에서는 다시 여러 사회 영역 간의 경계를 넘나

들며 논의해 볼 것이다. 앞에서 적었듯이 어떤 시기이든 '지식인의 삶'은 정치, 예술 생산, 과학, 도덕성 등의 개별 요소들이 복잡하게 맞물리며 나타난다(물론 어떤 시기에는 한두 요소가 특히 두드러진다). 그러므로 정치운동가, 대중문화 생산자, 패션 리더, 비지니스 엘리트들을 지식인층 사례연구 대상으로 삼는 일도 얼마든지 가능하다. 우선 그람시가 내세운 두 지식인 개념에 집중해 보자.

유기적 지식인

그람시는 "현존하는 모든 사회집단은 유기적 관계를 맺는 하나 이상의 지식인층을 만들어 낸다"고 주장했다(1971:5). 비록 그는 정통 마르크스주의 입장에서 경제적 생산 기능을 중심으로 이 '사회집단'(또는 계급)을 파악했지만, 우리까지 계급적 관점을 채택해야만 하는 것은 아니다. 이를테면 미국의 흑인 정체성은 흑인 지식인들이 이론화하고 재현한 덕분에 정치적으로 발전할 수 있었다. 마찬가지로 여성해방, 동성애 인권운동, 환경운동 등의 정치운동들은 "동질성"을 제공하고 "경제, 사회, 정치 영역에서 그 기능에 대한 인식"을 돕는 지식인들과 아주 밀접한 관계에 있다(위의 책).

그렇지만 계급정치는 특수한 법적·조직적·과학적·기술적 요구 조건들을 갖는 생산을 주요 관심사로 삼는다는 점에서 다른 운동들과 구분된다. 그람시는 자본주의 발전이 기업가, 관료, 기업 전문 변호사, 경제학자, 기술자, 산업 전문가처럼 새로운 유형의 지식인들을 낳으며, 여기에 노동운동과 유기적 관계를 맺는 지식인층의 발전 가능성이 있다고 보았다. "산업 노동과 밀접한 기술 교육은 … 새로운 유형의 지식인이 나타날 토대를 마련해 줄 것이다"(위의 책: 9). 기술적인 면에서든 관리 측면에서든 산업이 어떤 식으로 작동하는지를 이해해야만 노동계급이 부르주아지의 지배에서 벗어날 희망을 품을 수 있다고 본 것이다. 그람시는 공장 노동 문제만을 다루고 있긴 하나, 그의 논리는 은행, 금융, 소매업, 법률, 통치와 같은 다른 정치경제 영역에도 똑같이 적용될 수 있다.

그러나 유기적 지식인이 기술 관련 지식'만'을 가진다면 제 역할을 다한다고 보기 어렵다. '전문성' 못지않게 '지도력'도 발휘하면서 헤게모니 투쟁에 참여해야 한다. 그러려면 유기적 지식인은 그 전문 지식을 가다듬어 정치적 지식으로 발전시킬 수 있어야 한다. 예전의 지식인들이 궤변과 웅변에 의지했다면, 유기적 지식인은 단순한 웅변가가 아닌 "건설가, 조직가, '지속적인 설득가'"로서 일상생활에 능동적으로 개입해야 한다. 물론 예전의 지식 형태를 완전히 거부하는 것은 아니다. 스튜어트 홀에 따르면 "전통적 지식인보다 더 '많이' 아는 것은 유기적 지식인의 임무다. 아는 척하는 것이 아니라 깊이 있게, 심오하게 알아야 한다"(Hall 1996: 268).

따라서 그람시가 보기에 프롤레타리아 유기적 지식인의 전형은 기술적으로 잘 훈련되어 있으면서 노동조합이나 당 활동가로 일하는 사람이었다. 토리노에서의 공장 평의회 운동 경험이 이 생각에 큰 영향을 끼쳤다. 유기적 지식인 개념은 새로 나타난 사회운동들과 미디어 재현 문제에까지 적용 가능하다. 지속적인 대중 설득에 미디어를 활용하지 않는 현대의 유기적 지식인이란 상상하기 어렵기 때문이다. 실제로 현재 하위집단에서는 인터넷을 사용하는 활동가나 지식인들이 큰 역할을 하고 있다.

다우니와 펜톤Downey and Fenton(2003)은 "쓸 만한 자원이 거의 없는" 활동가들이 테크놀로지를 활발하게 이용하는 현상을 포착했다. 멕시코의 사파티스타, 이스라엘/팔레스타인의 2차 인티파다, 다국적 식량 회사 반대운동 등은 모두 "오프라인 저항과 온라인 선전"을 병행하며, 이 운동에 참여하는 웹 지식인들은 일반 대중과 기성 언론을 동시에 겨냥한다. 이들이 계급 구분에 그다지 얽매이지 않고 많은 사람의 동의를 얻어 내는 설득 방식을 취하고 있다는 점은 그람시가 유기적 지식인의 이상적인 면모라고 본 부분과 일맥상통한다.

그람시의 지식인층 분석은 단순한 혁명이론이 아니라 사회 지배집단이 권위를 행사하는 방식에 관한 설명이다. 그람시에 따르면 근대 자본주의사회는 지식인층 범주의 "전례 없는 확대"를 경험했다(Gramsci 1971: 13). 그는 자본주의의 이익을 위해 움직이지만 생산 영역과는 동떨어져 있는 것처럼 보이는 관료층의 확장을 예로 들었다. 그러나 그람시의 시대 이후에도 생산과 국가 차원에서 기능하는 '지식인'의 수는 급격하게 증가했으며,

'높은' 수준과 '낮은' 수준의 지식인들 사이에 여러 층위의 지식인들이 출현했다. 현대의 유기적 지식인 문제를 더 숙고해 보려면, 새롭게 등장하는 계급이 "경제·사회·정치 영역에서 그 기능에 대한 인식"을 어떻게 발전시키는지를 고찰한 다른 논의들을 참조할 필요가 있다.

피에르 부르디외Pierre Bourdieu는 이 변화에 주목한 이들 중에서도 영향력이 가장 큰 사람이다. 그는 《구별짓기Distinction》(1984)에서 1960년대 이후 생겨난 새로운 계급 분할 현상에 주목하면서 취향이 계급의 경계를 가르는 방식을 고찰했다. 그람시와 비슷하게, 부르디외도 현대사회가 새로운 생산 영역들을 창출하고 이 영역들이 자체적인 지식인들을 만들어 낸다고 보았다. 그 중 가장 뛰어난 생산력을 보이는 계층은 새로운 프티부르주아, 새로운 중하층계급일 것이다. 부르디외는 이 집단이 새로운 지식 영역에 진출하고 전문성을 갖추었으므로 '새로운 지식인'의 특징을 갖는다고 주장했다. 이들은 민중 계급의 문화와 상류층의 '고급'문화 사이에, 노동과 레저 사이에 위치한다. 새로운 프티부르주아는 "표현과 재현에 관련된 모든 직업(판매, 마케팅, 광고, 홍보, 패션, 장식)과 상징적인 상품과 서비스를 제공하는 모든 조직"에서 두각을 나타냈다(Bourdieu 1984: 359).

그러므로 새로운 계급 분할은 새로운 생산양식이나 '지식경제'를 낳은 현대 자본주의와 확실히 유기적인 관계를 맺고 있으며, 나아가 그람시가 거의 말하지 못한 주제인 소비 차원에서도 큰 의미를 갖는다. 현대사회에서 유기적 지식인 개념을 활용하려면 지식인 역할의 일부가 된 소비 문제를 인식해야만 한다. 숀 닉슨Sean Nixon(1997)은 핵심 '사회규범'으로 동시에 퍼져 나간 가치들인 쾌락과 개인주의, 실험적 행동이 새로운 지식인층의 정체성에서 중요한 위치를 차지한다고 언급한 바 있다. 그람시의 용어로 말하자면, 이 가치들은 "세계를 인식하는 데에 꼭 필요한 개념"이며 유기적 지식인은 이 개념에 더 넓은 사회의 의미와 열망을 구현한다.

새로운 유기적 지식인 문제에서 우리가 짚어 보아야 할 지점이 몇 가지 더 있다.

첫째, 공간적인 차원이다. 새로운 프티부르주아들은 거대 도시의 중심부에 모여 살기 때문에 다른 장소들은 지방이나 주변으로 취급되기가 쉽다. 이로 인해 대항 헤게모니적인 지역 지식인들이 나타나기도 한다.

둘째, 새로운 프티부르주아들은 재현 행위를 많이 하는 집단이지만 그들 자신이 집중적인 재현 대상이기도 하며, 이 재현은 헤게모니 투쟁의 일부분이 된다. 예를 들어 1980년대에 '여피yuppie'[1]의 이미지는 문화적·경제적·정치적인 여러 차원에서 대개 부정적인 의미로 활용되었다.

셋째, 이들은 새로운 지배계급(부르디외에 따르면 더 강화된 '새로운 부르주아지')이라기보다는 중간층에 가깝다. 따라서 이들은 지배 블록 내의 서발턴에 속하며 그 수혜자라고 볼 수만은 없다.

1 여피yuppie는 도시에 거주하는 젊은 고소득 엘리트층을 가리키는 말이다.

이들의 기능은 시민사회와 유사하다. 그 복잡성과 복합성이 자본주의를 엄호하는 참호 체계를 구축하는 것이다.

마지막으로, 이 집단은 '민중'에 대해 무관심한 태도를 보이기보다는 협력 관계를 맺으려고 노력한다. 체니Chaney(2002), 무어즈Moores(2000), 할로우Hollows(2003)는 각각 정치인, 방송사, TV 셰프의 예를 들어 새로운 유기적 지식인들은 예전의 권위자들과 달리 패션이나 말투에서 그다지 격식을 따지지 않으며, 대중을 향한 기획이나 '사적인' 기획에 자기가 내세우는 가치를 거리낌 없이 담는다고 주장했다. 음흉한 포퓰리즘에 지나지 않을지도 모르지만, 이 지식인들은 대중의 어법을 사용하면서 스스로를 바꾸는 헤게모니적 가능성을 보이기도 한다. 지식인만이 일상생활에 개입해 들어갈 수 있다는 예전의 시각은 옳지 않다.

전통적 지식인

그람시는 유기적 지식인의 반대편에 전통적 지식인이 있다고 보았다. 사회적 삶의 어지러운 복잡함 속으로 뛰어드는 자가 유기적 지식인이라면, 전통적 지식인은 그런 문제에서 손을 떼는 사람이다. 《옥중수고》에서 전통적 지식인의 대표적인 예로 '문필가, 철학자, 예술가'를 든 것은 그람시가 이들을 호사가나 기생충으로 보았다는 뜻도 된다. 그러나 무엇보다 이들의 공통점은 자신들의 전문 분야가 정치적 고려와는 관계 없는 자율성을 견지하고 있다는 믿음이다. 전문적인 지식을 가진 이들—교사, 의료인, 과학자, 경제학자, 법조인도 마찬가지이며, '문화' 지식인들은 더 확실하게 자율성을 내세운다.

우리는 전통적 지식인과 지적 게으름, 낡은 사유 방식을 헷갈리지 않아야 한다. 그람시는 노동의 한 형태인 학습의 과정을 존중했다. 앞서 이야기했듯이, 그는 노동과 사유가 분리된 현상이라고 보는 생각에 저항했으며 지식은 '일', '연습', 근육과 신경을 사용하는 훈련을 거치면 누구나 노력으로 획득할 수 있는 것이라고 적었다.

학습을 노동의 일환으로 보지 않는다면 재능이나 요령이라고 오해하기 쉽다. 이는 사회적 불평등을 재생산한다. 학습이 엘리트가 원래부터 소유한 자산처럼 보이게 되기 때문이다. 직업교육을 강조한 파시스트 정권의 교육개혁에 그람시가 반발한 이유도 여기에 있다. 하층계급 아이들이 기술을 가르치는 직업교육을 받아 "스스로를 향상"시킬 수 있다는 점을 인정하면서도, 그람시는 엄격하고 전통적인 교육을 버리면 아이들이 그 상태에 '고착'될 수 있다고 우려했다. 상층계급과 교육적으로 동등해지는 데에 필요한 지적 도구를 포기하는 것이기 때문이다. 직업교육과 전통적 교육 사이의 대립은 지금도 풀리지 않은 숙제이다. 각자 본인의 지적 형성 과정에서 이 둘 간의 균형을 생각해보고 (지금은 엘리트주의로 간주될 법한) 그람시의 견해가 여전히 가치 있는 것인지 판단해 보아야 할 것이다.

그람시는 이제 막 권력을 장악하려고 하는 정치집단이 직면한 가장 시급한 과업 중 하나가 전통적 지식인들을 동화시키는 것이라고 보았다. 낡은 사상도 여전히 유용하다는 이유 때문이었다. 그람시의 헤게모니 개념이 강조하는 상호영향이라는 측면을 다시 숙고해 보자. 기존의 지식인층이 지적 리더십을 유지하도록 내버려 두는 정치집단은 없을 것이다. 만약 그렇게 되면 그 집단 자체가 와해될지 모른다. 개발도상국의 민족해방운동이 종교운동으로, 사회주의는 민족주의의 일부로 변질되어 버리는 사례가 여기에 해당한다. 그렇게 되지 않으려면 떠오르는 집단은 전통적 지식인의 일부나 전부에 헤게모니를 행사할 수 있는 그들만의 유기적 지식인을 길러 내야 한다.

그람시는 18~19세기 영국의 사회발전을 예로 든다. 그에 따르면 이 시기 영국에서 산업자본주의는 지주 귀족들이 지배하던 경제 권력을 빼앗아 왔다. 그러나 산업 부르주아들은 대리자를 내세워서 지배했다. 귀족들은 계속 정부를 만들고 문화적 리더십을 유지했다. 경제 권력은 잃어버렸지만 귀족정 형식은 남아 있었던 것이다. 영국은 세계에서 가장 도시적이고 산업화된 국가로 급변해 갔지만, 나지막한 언덕과 시골의 장원, 고정된 계급을 유지하는 나라라는 지배적 이미지가 안정적으로 지속되었다. 이 이미지가 사람들을 현혹시켜 전원에 대한 향수에 사로잡히게 해 '산업정신'을 저해한다는 비판도 있었으나, 이는 사실 산업 부르주아지의 지배를 감추면서 그 지배를 용이하게 하는 것이었다(Wiener 1981).

그람시는 영국 귀족들이 변화된 처지를 우아하게 받아들인 것처럼 묘사했지만, 전통적 지식인들은 신흥 헤게모니에 저항할 때가 더 많다. 그 발전 과정에서 자신들이 정치적 사건이나 일상생활 바깥에 존재한다고 잘못 인식하기 때문이다. 지식인들의 물질적 조건은 이런 오해에 기반해 정당화된다. 가톨릭교회의 역사에 관한 그람시의 분석을 참고해 보면, 또 예컨대 근대 대학들의 교수진 구성을 살펴보면, 지식인들은 국제적인 이동성이 대단히 높고 '코스모폴리타니즘'에 치우쳐 있다는 것을 알 수 있다. 그렇다면 현지의 관심사는 잘 다뤄지지 않을 가능성이 크다. 마찬가지로, 지식인들은 자신들이 어떤 '사제직이나 카스트'처럼 계급과 관계 없이 '지배적 사회집단에서 자율적이거나 독립적'이라고 여긴다. 그 집단을 대신하여 의미 있는 이데올로기적·행정적 기능을 수행하면서도 말이다.

그람시는 이런 종류의 지식인을 대표하는 인물이 베네데토 크로체라고 보았다. 크로체는 파시스트 정부의 교육부 장관을 지내기는 했지만 학문과 정치를 분리시키는 것이 지식인의 책무라고 주장하면서 무솔리니와 대립했다. 1925년 4월 '파시스트 지식인 선언'이 발표되자, 크로체는 정치와 학문은 뒤섞일 수 없다며 반대 의견을 내기도 했다(Sassoon 1999: 19). 그러나 그람시가 보기에는 크로체의 이 객관적인 태도 역시 정치적 행동이다. 파시즘과 공산주의에 대항해 부르주아-자유주의 정체를 수호하는 역할을 했기 때문이었다. 그람시에 따르면 아마도 크로체는 자신이 아리스토텔레스와 플라톤의 시간을 초월한 철학과 깊이 결부되어 있다고 생각했을 것이다. 하지만 "크로체는 아넬리[2]나 벤니[3]와의 관계를 숨기지도 않았다. 크로체 철학의 가장 중요한 특징은 여기에서 찾을 수 있다"(Gramsci 1971: 8).

그렇다면, 유기적 지식인과 전통적 지식인이라는 그람시의 이항대립을 해소하는 방법은 두 가지가 있을 것이다. 첫째, 전통적 지식인들은 우세를 점하는 계급과 한때 유기적인 관계를 맺었으나 지금은 그 계급과 유리되어 자율성을 내세우며, 반체제 지식인이나 아방가르드 예술가들은 그 계급에 비판적인 태도를 취하거나 그 계급의 일원이라는 것을 창피해한다. 그러나 이런 자율성은 현실을 '초월한' 대안이어서 자본주의의 일부로 기능할 수 있다. 종교, 예술, 철학의 영원한 진리를 향해 가는 길은 정치적 책임이라는 긴급한 문제에서 멀어지는 일이기도 하다(Eagleton 1991).

둘째, 전통적인 지식인은 크로체의 사례처럼, 자율성을 위협하는 조건 속에서 어떤 계급이나 대의명분과 유기적인 관계가 될 수밖에 없는 상황에 처하기도 한다. 새롭고 우발적인 상황이 나타나면 지식인들은 사람들을 조직하고 설득하는 일을 떠맡게 된다. 그람시가 전통적인 지식인층으로 간주한 종교 지도자들의 행위를 살펴보면, 양극단에 놓인 '전통적' 지식인과 '유

---

[2] Giovanni Agnelli(1866~1945): 세계적인 자동차 회사 피아트를 만든 기업가. 무솔리니와 협력/갈등 관계를 맺으며 상원의원을 지내는 등 정재계의 거물로 활동했다. 그람시의 표현에 따르면 '전제군주'처럼 피아트를 지배하면서, 그람시가 이끈 공장 평의회 운동을 비롯한 노동운동들을 무력화시킨 인물이기도 하다.

[3] Antonio Stefano Benni(1880~1945): 이탈리아의 파시스트이자 기업가. 1923년부터 34년까지 이탈리아 산업연맹의 총재를 맡았다.

기적' 지식인의 두 기능 사이를 오가는 모습을 볼 수 있다. 보통 때에는 이들의 지식인적 행위들이 추상적이고 신비스러울 때가 많다. 그러나 여성·게이·레즈비언 사제 서품 논란이 생기거나 피임·낙태·인간 배아 연구를 두고 논쟁이 일어나거나 전쟁이 발발하면, 종교적 지식인들은 힘을 합칠 사람들을 찾고, 언론을 이용하며, 대중의 지지를 호소하면서 유기적 역할을 마다하지 않는다. 어디에 주목하는지만 다를 뿐 과학자들도 마찬가지다. 특정 이슈와 직접 관련될 때, 그들은 대중의 의식에 접근하고자 할 수 있는 노력을 다한다.

지식인, 대중문화, 상식

레닌은 혁명 전위가 러시아 민중에게 사회주의 의식을 심어 줄 수 있다고 주장했다. 우월한 지혜가 위에서 아래로 노동계급에게 전파된다는 뜻이다. 그러나 그람시는 지식인과 '대중들' 사이의 대화를 강조했다. "지식인층의 … 모든 도약은, '순진한' 대중 부문에서 일어나는 유사한 운동과 결부된다"(Sassoon 1999 : 35).

대중 계층의 관심사와 '세계관'에 깊이 뿌리박지 않는다면 지식인의 지도는 아무 소득 없는 현학적인 태도일 뿐이다. 그람시는 이렇게 말했다. "대중들은 '느끼기feel'는 하나 항상 알거나know 이해하지는understand 못한다. 지식인들은 '알기'는 하나 항상 이해하지는 못하며 특히 항상 느끼는 것은 아니다"(Gramsci,

1971 : 418). 따라서 지식인은 느끼고, 참여하고, 열정을 지니는 법을 배워야 한다. 그래야만 대중의 열망을 이해하고, 위를 향해 이들을 대표하며, 아래를 향해 '세계에 대한 더 나은 인식(더 정교하게 이론화된 인식)'을 제공할 수 있다. 국민–대중과의 '심정적 유대 관계'를 형성하려면 지식인은 대중의 문화 속으로 들어가 이를 이해하고 이용할 준비가 되어 있어야 한다. '감정–열망'을 이해해야 "지배자와 피지배자, 지도자와 지도받는 이들 사이에서 개별 요소들의 교환이 일어나고, 공동의 삶이 실현될 수 있다"(위의 책).

그람시가 보기에, 당시 이탈리아 지식인들은 이런 참여를 할 준비가 되어 있지 않았다. 그들은 대중문화보다 '우월한' 문화에만 관심을 기울인 나머지, 이탈리아 대중문학 전통을 세우는 데에 실패했다. 따라서 전통적 지식인의 독서 범위 내에서는 "대중들의 행위가 낳은 사고방식의 표현, '시대적 징후'나 변화들을 찾아볼 수가 없게 되었다"(Gramsci 1985: 274). 이 지식인들은 대중들의 '상식'을 (자신들의 세계관보다 열등하다고 치부하면서) 이해하지도 못했을뿐더러, 진보적이고 계급을 뛰어넘는 기획을 이끌면서 '양식'을 포함시켜 다듬는 작업도 해내지 못했다.

분명히 이제는 이탈리아에서든 다른 곳에서든 근본적인 변화가 일어났다. 대중문화를 생산·유통·해석하는 지식인의 수가 엄청나게 늘어나고 그 유형도 다양해진 것이다. 그러나 이 상황에 대한 '전통적' 반응과 '유기적' 반응 사이의 갈등은 계속해서 중요한 문화적 주제로 남아 있다. 게다가, 더 이상은 '지배적인'

사상이 계급사회에서 도출되지 않는다. 젠더, 인종, 섹슈얼리티에 관한 주요 사상은 무엇이며, 이 문제를 다루는 지식인은 어떤 이들일까?

앤드류 로스의 미국 지식인 연구서인 《노 리스펙트No Respect》(1989)는 모든 이슈를 계급 문제로 환원하지 않으면서 지식인의 개입 과정을 살펴보려는 시도 중 하나이다. 나는 크게 두 가지 목적으로 '포르노그래피의 쾌락'에 관한 이 책을 골랐다. 첫째, 지식인을 참여와 이탈 사이에서 끊임없는 변화하는 복잡한 사회집단으로 보아야 할 필요 때문이다. 둘째, 대중문화의 쾌락은 여전히 지식인층에게 문제적인 것이기 때문이다. 포르노는 대중정치학을 사유하기에는 좀 기묘한 대상처럼 보일지 모르겠다. 그러나 환상과 육체적 만족을 다루지 않는 헤게모니 기획은 상식의 주요 구성 요소들과, 또 활발한 문화산업 분야와 동떨어지기 마련이라는 것이 로스의 지적이다. 그는 여성 감독이 연출한 하드코어 포르노의 등장을 포르노의 정당성을 둘러싼 논쟁의 가장 최근 단계라고 보았다. 옹호 측이든 반대 측이든, 지식인들은 포르노 논쟁에서 아주 두드러진 역할을 맡았다.

로스는 이 논쟁의 진행 과정을 크게 두 시기로 나눈다. 첫 번째 시기에 포르노 논쟁은 엘리트와 대중적 취향의 경계를 탐사한다. 예를 들어, 주로 중상류층을 노린 〈플레이보이〉는 아주 하드코어하지는 않은 여성 사진과 함께 문학인들이 쓴 글도 게재했다. 이 문학 지식인층들은 유희로서의 섹스와 예술의 한 형태로서의 포르노를 옹호할 때가 많았다. 반대로 이런 전통적 엘리트주의를 거부한 포르노 제작자나 지식인들은 포르노가 대중의 진정한 욕망에 접근하게 해 주는 민주주의적 매체라고 생각했다. 1970년대 이후에는 이 논쟁에 다양한 층위들이 나타났다. 어떤 지식인들은 포르노와 성애물erotica[4]을 구분했고, 또 다른 지식인들은 포르노를 아방가르드적 '위반"의 양식으로 보았으며, 섹스산업 종사자 출신의 영화감독이나 도덕을 내세우는 설교자들까지 이 논쟁에 개입했다. 온갖 인물들이 끼어들어 만들어진 지식의 장場·intellectual field은 유기적 지식인과 전통적 지식인이라는 단순한 구분보다는 훨씬 복잡할 수밖에 없었다. 예를 들어, 유희로서의 섹스를 옹호한 〈플레이보이〉의 입장은 새로운 중산층의 출현과 연결되며, 성애물을 둘러싼 논쟁은 2세대 페미니즘[5]과 떼어 놓을 수 없다. 그러나 이 논쟁에 사용된 용어들은 추상적인 '전통적' 차원과 관련되거나 지식인의 문화적 권위와 훌륭한 취향을 가정할 때가 많았다.

이 논쟁에 등장하는 용어들이 근본적으로 변화한 계기는, 안드레아 드워킨Andrea Dworkin(1946~2005)이나 캐서린 맥키넌Catharine Mackinnon(1946~) 같은, 포르노에 반대하는 급진 페미니스트 지식인들이 나타났을 때이다. 이들은 포르노가 재현하는 규범적

---

4 포르노와 달리 상업적 의도가 희박한 예술 작품.

5 second-wave feminism: 1960~80년대에 나타난 페미니즘 운동. 1세대 페미니즘이 여성참정권운동과 같은 법률적·제도적 평등 운동에 주력했다면, 2세대 페미니즘은 성역할 고정관념, 자기신체결정권, 가정 내 폭력, 직장 내 평등처럼 예전에는 사적인 영역으로 취급되었던 영역들을 사회적 의제로 끌어올렸다. 이 책에서 다루는 '포르노 논쟁'은 3세대 페미니즘으로 가는 분기점이 되었다.

이성애가 남성이 여성에게 폭력을 행사하려는 통합적 수단이라고 주장하면서, '일반 대중의 오염된 문화'에서 여성을 완전히 떼어 내고 '올바른' 재현·환상·성적 실천을 만들어 내야 한다는 유토피아적 해결책을 제시했다. 여성운동이 일치된 모습을 보여 주지 못하고 있던 당시에, 이 지식인 집단은 포르노에 대한 일관된 이데올로기를 만들어 내는 데에 성공했다. 여성운동이 새롭게 힘을 합치는 데에 필요했던 리더십을 제공한 것이다.

그러나 로스는 이 합의가 두 가지 점에서 만족스럽지 못했다고 지적한다. 첫째, 이 운동은 '대중 조작, 체계적 지배와 희생'이라는 관점에서 문화를 분석한 전통적인 미디어 효과 이론에 의지했다(Ross 1989: 177). 둘째, 포르노를 '급진적 페미니즘이 주목해야 하는 본질적 문제'(위의 책: 187)로 구분지으며 여성에 대한 폭력이라는 관점에서만 다루는 태도는 하나의 지지층에만 호소하는 제한된 헤게모니 기획이다. 예컨대 이 운동은 게이 남성 같은 성적 소수자의 욕망이나, 오랫동안 노골적인 내용을 접하지 못하도록 강요받은 이성애자 여성들의 욕구는 다루지 못했다.

그 한계를 이데올로기적으로 해결하기 어려워지자, 포르노 반대 페미니스트들은 난제를 해결할 '강제적인' 방안을 내놓았다. 페미니스트들의 반대편에 있는 도덕주의자들과 힘을 합쳐, 성적으로 노골적인 내용은 국가 차원에서 더 강력하게 검열해야 한다고 주장했던 것이다.

이 문제에 대한 여러 반응들을 폭넓게 조사한 로스는 페미니즘 지식인들의 '반反포르노 반대운동anti-antiporn'의 출현을 강조했다. 이 운동은 섹슈얼리티의 표현에 관심 있는 사람들의 광범위한 지지를 얻으며 여성운동 내의 급진주의에 대항하려고 했다. 그렇다면 이 운동이 '누구에게 유기적인가?'라고 묻지 않을 수 없다. 반反포르노 반대운동에 참여하는 이들은 산업으로서의 포르노와 협상해야 하고, 그렇다면 자기도 모르게 소비자본주의 속에서 새로운 단계의 행위 주체로 기능하게 되기 때문이다.

1989년 당시, 로스는 포르노가 케이블티비와 가정용 비디오가 이끌던 새로운 소비시장의 중심으로 자리잡은 방식을 중요하게 보았다. 오늘날 이 분석을 적용한다면 포르노가 인터넷, 정보경제, 그리고 이 현상들을 창출하고 중개하는 지식인과 결합하는 복잡한 방식에 주목해야 한다. 게다가 상식이 지식인의 사유로는 포착되지 않는다는 그람시의 관찰은 여기서도 중요하다. 로스는, 포르노를(즉, '감정-열망'을) 진정으로 이해하지 못하는 지식인들은 전통적 지식인들이 내세웠던 비판적 거리를 답습하는 데에 그치고, 대중적인 것의 지형도를 재구축하려는 희망을 품을 수 없다고 주장했다. 그는 포르노 연구의 성패는, "규제하고 가르치려 드는 태도를 취하거나 지지하는 데에 있는 것이 아니라, 대중적 쾌락의 형식과 담론에서 무언가를 배우려고 노력하는 문화정치학에 달려 있다"(위의 책: 207)고 했다. 만약 누군가가 그래서 답이 없는 포르노 문제를 어떤 식으로 비판할 수 있겠냐고 묻는다면, 아마 로스는 그건 복잡성의 대가라고 대꾸할 것이다.

'전통적' 지식인과 '유기적' 지식인의 경계는 유동적이다

6장은 전통적 지식인과 유기적 지식인을 구분하여 본 그람시의 견해에 초점을 맞추었다. 이 구분은 문화적 생산 및 협상이라는 특정 분야를 살피기에 유용하지만, 이 둘을 완전히 별개의 현상이라고 생각하는 것은 불가능하다. '전통적' 지식인과 '유기적' 지식인 사이의 경계는 유동적이므로, 우리는 어떤 시기이든 지식의 생산과 사회집단과의 연결이 변화하는 양상에 주의를 기울여야 한다. 어느 시대이건 다양한 사상이 유포되어 있다는 사실은 지배 블록의 사상이 '그 시대의 특징epochal'이라는 생각이 갖는 문제점을 드러낸다. 포르노를 예로 들자면, 대중문화와 상식은 서로 다른 여러 지식인 집단 사이의 간극을 보여 준다. 그 차이들의 강도, 범주, 지속은 성적 관계의 위기crisis를 드러낸다. 다음 장의 주제가 바로 이 위기 개념이다.

제 7 장

위기

Antonio
Gramsci

지금까지 우리는 특정 사회집단의 주도 하에 도덕적·지적 합의를 이루어 내려는 기획인 헤게모니에 집중했다. 그러나 그람시는 이 '동의의 시기'와 합의가 깨지는 '강제력의 시기'를 구별한다. 어떤 집단이 지배를 강요하려고 강제적·권위적 수단에 의존하는 것은 광범위한 헤게모니 구축에 실패했다는 증거다. 이로 인해 신뢰도가 크게 저하된 헤게모니 집단이나 계급은 그들이 지닌 이념적·경제적·정치적·법률적 기반을 총동원해 지배를 강화해야 한다. 이 일이 특히 시급한 과제인 것은, 반대파가 대항 헤게모니를 구축하고 합의의 공백을 메우고자 합의가 깨진 상태를 이용하려고 할 가능성이 높기 때문이다. 그렇다면 우리는 동의 대 강제력이라는 대립을 이 지점에서 어느 정도 완화할 수 있다. 강제력의 시기는 설사 합의가 미뤄지더라도 '합의의 진행'이 더욱 집중적으로 일어나는 시기가 될 수 있는 것이다.

헤게모니를 둘러싼 긴장이 고조되는 이 시기를, 그람시는 위기crisis라고 부른다. 그람시는 그가 '유기적' 위기organic crisis라고 부른 심각하고 치유 불가능한 문제들로 인해 자본주의가 분열되어 있다고 주장한다. 유기적 위기는 더 직접적이고 일시적인 국면적 위기conjunctural crises와는 다르다.[1] 국면적 위기는 어떤 식으로든 해결이 가능하고, 정치적·문화적 동원의 토대를 형성한다. 위기 상태는 이례적인 현상을 만들어 낸다. 이를테면 카리스마적이고 위험한 '운명의 사나이man of destiny'가 등장하는 것이다. 이 '카이사르'들은 시민사회의 우두머리들을 무시하고 '대중'에게 직접 호소한다. 위기를 일시적으로 진정시킬 수는 있겠지만 근본적인 문제들이 억압되어 있으므로 이들이 내놓는 해결책도 일시적일 뿐이다. 그람시가 보기에는 무솔리니가 바로 그런 사람이었고, 파시스트들의 권력 장악은 계급권력의 본질은 건드리지 못하는 '혁명/복고', '혁명 없는 혁명', 수동혁명에 지나지 않았다. 그람시는 리소르지멘토 이후 이탈리아의 역사가 수동혁명의 연속이라고 했다. 저항 세력의 지도자들이 사회 지배계급의 일원으로 변형되는 일이 반복되었고, 대중들 대다수는 정치적 대표성을 전혀 드러낼 수가 없었다.

7장에서는 유기적 위기와 국면적 위기, 카이사리즘, 수동적 혁명 등의 주제들을 이론적으로 더 깊이 있게 다루려고 한다. 제2차 세계대전 후 영국에서는 강압적 해결책이 등장하면서 '예외 상태'를 강조했다. 이 특정한 역사적 위기의 순간을 분석하여 예시로 삼을 생각이다. 특히 그람시 이론을 계승한 주

1 그람시가 말하는 유기적 위기는 경제적·구조적 모순에 가까우며, 국면적 위기는 정치적·일시적 위기를 가리킨다. 유기적 위기가 국면적 위기의 토대를 이루기는 하나, 지배 헤게모니의 확보는 토대에서 자동적으로 도출되는 것이 아니라 국면적 위기의 시기에 헤게모니 투쟁을 거쳐 달성된다. 그람시 이론에서 토대와 상부구조는 일방적이지 않은 상호영향 관계를 갖는다는 2장의 논의를 참조할 것.

요 텍스트들 중 하나인 스튜어트 홀Stuart Hall, 채스 크리처Chas Critcher, 토니 제퍼슨Tony Jefferson, 존 클라크John Clarke, 브라이언 로버츠Brian Roberts의 《위기관리Policing the Crisis》(1978)에 주목한다. 이 연구는 자본주의 위기와는 관계 없는 것처럼 보이는 흑인 청년들의 범죄 행위가 야기한 도덕적 공황moral panic이라는 '위기'가 나타난 방식을 지적한다. 다음으로는 권위주의적 해결책이 대중문화 내에서 어떻게 협상되는지를 따져 보고, 허구적 재현의 시야를 빌려 위기의 순간을 고찰해 볼 것이다.

유기적 위기

그람시는 시민사회의 특징이 '요새와 참호들의 강력한 체계'라고 했다. 사회 지배집단은 그 권위를 지켜 줄 수많은 제도와 수단을 마련해 두고 있으니, 그 상호연결된 방어 체계를 뚫는 일은 대항 헤게모니 세력에게 벅찬 일이다. 그렇다 해도, 지배계급이 서발턴들의 열망을 만족시키지 못하거나 우발적인 사건이 불시에 터질 때는 오기 마련이다. 그람시의 말을 빌리자면,

> 나라마다 과정은 다르지만, 그 내용은 같다. 지배계급 헤게모니의 위기다. 이 위기는 지배계급이 폭넓은 대중적 합의를 요구·강요하면서 추구한 중대한 정치적 과업(예컨대 전쟁)이 실패하거나, 수많은 대중이 갑작스럽게 정치적 수동성에서 능동성의 상태로 진입해

> 비록 유기적으로 형성된 것은 아닐지라도 힘을 합쳐 어떤 요구들을 내세우면서 혁명에 가까운 상황을 만들 때 생겨난다. '권위의 위기'라는 말은 바로 헤게모니의 위기, 국가의 일반적 위기를 의미한다 (Gramsci 1971: 210).

이 대목에서 그람시는 정당들이 특정한 계급의 이익을 대변하는 방식을 논하고 있으나, 우리는 이를 넓은 대중적 지지층을 가진 어떤 대표자들(종교인, 지역사회 지도자, 노동조합, 과학자 등)에게도 적용해 볼 수 있다. 어떤 경우이건 대표자들의 리더십은 위기에 처할 수 있다. '국면적' 위기는 한계가 분명하므로 지배집단이 수습 가능하다는 점에서 유기적 위기와 다르다. 사실 그람시도 지배계급은 그 반대파들보다 위기 상황을 제어하기 쉽다고 보았다. 미래의 지도자가 되기 위해 자기 차례를 기다리며 대기 중인 자들을 양성해 놓았기 때문이다. 누군가는 희생을 해야 하니 힘이 약해질 수도 있지만, 지배계급은 여전히 적들을 누르고 권력을 되찾을 힘을 가지고 있다.

그러나 흔히 그런 결과가 나온다 하더라도, 그람시는 그것이 불가피한 결과라고 말하지는 않았다. 힘의 균형 상태를 지배계급이 마음대로 좌지우지하기는 어렵다. 혹은, 지배계급은 권위를 되찾더라도 이데올로기적 신뢰 손상이라는 대가를 치러야 한다. 민주주의국가라고 해서 강제 기구가 없는 것은 아니지만(법원, 군대, 경찰 등), 테리 이글턴의 말처럼 국가 강제 기구는 "사회의 이곳저곳에 알맞게 자리잡아 전통·관습·자연스러운 습관처럼 '자연화'되어, 그 권력이 눈에 띄지 않게 하는 편이 낫다"(Eagleton 1991: 1116).

강제 수단에 의존한 국가는, 첫째, 그 권위가 결국엔 대중의 동의보다는 언제나 무력에 의존한다는 것, 둘째, 국가가 사회집단들 사이의 중립적 중재자가 아니라 제 이해관계가 있는 당사자임을 드러낸다. 국가 강제 기구 내부의 여러 집단이 지배계급에 대해 각기 다른 생각을 품고 있다면 문제는 더 복잡해진다. 위기의 순간에나 그 생각들이 수면 위로 드러나겠으나, 일단 가시화되면 민주적 통치자들이 제어할 수 없는 상태가 된다. 경찰이나 보안군이 '폭도'처럼 행동한 여러 사례들은 폭력적인 결과의 가능성을 보여 준다.

마지막으로, 앞의 논의들은 '뜨거운' 갈등이 벌어지는 시기만을 위기로 보는 듯 싶지만(계속 군사용어를 가져다 설명하는 그람시의 어투도 그런 인상을 주지만), 위기 개념은 대중문화에 일어나는 가치 위기를 이론화할 때에도 쓸모가 있다. 《옥중수고》의 한 대목에서, 그람시는 위기가 '병적 징후'와 '우울'을 동반하는 질병의 일종이라고 말한 바 있다(Gramsci 1971: 275). 대중문화는 이 병적 상태를 짚어 보는 수단을 마련해 준다. 따라서 우리는 어떤 '문제'를 자세하게 다루면서 강압적인 텍스트적 해결책을 제시하는 재현 양식들을 주의 깊게 살필 필요가 있다. 이 재현들이 국가의 강제적 행위와 긴밀하게 연관될 때도 있다. 예를 들어, '약물과의 전쟁'에 대한 허구적/사실적 보도는 경찰력 집행을 정당화하는 역할도 한다. 그러나 텍스트가 국가와는 무관한 어떤 위기 상태를 나타내는 사례들도 있다.

페미니즘 연구자들은 반동적인 '백래쉬backlash' 영화들(〈위험한 정사Fatal Attraction〉(1987), 〈위험한 독신녀Single White Female〉(1992), 〈요람을 흔드는 손The Hand that Rocks the Cradle〉(1992) 등)에 주목한다. 독립적인 여성을 정신병자로 묘사하다가 마지막 장면에 살해당하게 하는 영화들이다. 이 상징적 폭력은, 가부장제 전반이 위기에 직면했을 때 남성적 권위를 재확인하려는 시도와 관련이 있다(Hollows(2002)을 참고할 것). 하지만 텍스트적 해결은 국가의 강제적 해결보다는 모호한 경우가 많다. 이 장의 뒷부분에서 위기를 상징적으로 관리하려는 이 같은 시도들을 더 다루어 볼 것이다.

수동혁명

그람시는 지배계급이 강제적이거나 상징적인 수단을 활용해 자신들에게 유리한 방향으로 위기를 해결할 수 있다고 하면서도, 그런 해결이 영구적이거나 만족스럽지는 않을 것이라고 내다보았다. 그람시는 마르크스에 기대어 어떠한 "사회구성체"(어떤 계급이나 그 계급의 분파)라 하더라도 그 생산력이 "아직 더 앞으로 나아갈 여지가 있는 한" 사라질 수는 없다고 했다(Sassoon 1999 : 16). 쇠퇴 중인 지배계급은 (방법을 바꿔서라도) 그 권위를 재확인하지만, 노동계급과 같은 종속 집단들을 그 헤게모니 속에 끌어들이는 데에는 실패함으로써 이들의 생산력 발전을 방해한다. 그람시는 이 실패에 '수동혁명'이라는 이름을 붙였다.

그람시가 수동적인 혁명의 주요 사례로 제시한 것은 리소르지멘토였다. 이탈리아의 통일 이후에, 이탈리아 부르주아들은 민중계급을 이끌고 그 열망에 부응하면서 진정한 국민-민중을 건설할 기회를 잡았으나, 그러기는커녕 온건당에 기반한 소수의 정치계급 창설에 그쳤다. 이들은 급진적인 행동당의 지도자들을 조금씩 흡수하면서 변형시켰다. 부르주아 엘리트들의 특징은 "대중들이 나랏일에 끼어드는 것을 혐오하는 것, 자신들의 잔인하고 독재적인 '지배'를 '헤게모니'로 대체해 줄 그 어떤 유기적 개혁도 거부하는" 것이다(Gramsci 1971: 58n.). 민중들의 진정한 참여가 없었으므로, 이탈리아 부르주아들은 계속 밀어닥치는 위기에 취약했다. 그 절정이 파시즘의 등장이었다. 그람시는 변형주의 시기와 무솔리니의 권력 장악은 근본적으로 연결된 현상이라고 보았다. 둘 다 헤게모니 기획이라기보다는 '위로부터의 혁명'이었던 것이다. 두 사례 모두에서, 국가는 대중들의 능동적인 참여와 동의에 의존하지 않고 모든 사안에 적극 개입해야 했다.

사회주의나 사회민주주의 체제라고 해서 수동적 혁명이 나타날 가능성이 없는 것은 아니다. 이를테면 그람시는 수동적 혁명의 또 다른 예로 프랭클린 D. 루스벨트의 뉴딜정책을 들었다. 국가는 과연 강제력의 도구에 지나지 않는 것일까? 우리는 대중과 국가가 오늘날 어떤 관계를 맺고 있는지를 반성적으로 생각해 볼 필요가 있다. 서구 복지국가들이 지난 30여 년 동안 신자유주의의 공습에 전방위적으로 노출된 상황에서, 국가를 지배계급의 이해관계를 실현하는 수단으로만 보는 시각에는 의문의 여지가 있다. 그럼에도 불구하고, 우리는 민주주의적 참여가 부재하는 급진적 변화가 지도자와 그 지도를 따르는 이들의 관계를 권위주의적이고 후원을 주고받는 단순한 관계로 재생산할 것이라는 그람시의 우려를 심각하게 받아들여야 한다.

카이사리즘

수동적 혁명 시기에 지배계급은 권력을 손에 쥔다. 그러나 그람시는 또 다른 상황을 상정한다. 어떤 역사적 시기에 '기본적인' 두 계급(귀족과 부르주아, 혹은 부르주아와 프롤레타리아)의 힘이 균형을 이루고 어느 계급도 헤게모니를 잡거나 다른 계급을 지배하지 못하는 상황이 펼쳐진다. 그는 이 상황을 가리켜 '정태적 균형static equilibrium'이나 '권력의 공백기interregnum'라고 했다. 유기적 위기는 "옛것은 죽어 가고 있으나 새것은 아직 태어나지 못한 상황에서" 등장하며, "이 권력 공백기에는 아주 다양한 병적인 증상들이 나타난다"(Gramsci 1971: 275).

그런 병적인 증상들 중 하나가 카리스마적인 '운명의 사나이'다. 그 인물됨이 가진 힘에 기반하여 교착상태를 극복하고 새 합의를 도출하는 데에 필요한 지도력을 제공하는 사람이다. 그람시는 이 상황을 가리켜 '보나파르티즘Bonapartism'이라고 부르기도 했지만(아래 박스 참조), 고대 로마의 독재자 율리우스 카이사르의 이름에서 따서 '카이사리즘Caesarism'을 주로 사용했다. 당시에 무솔리니가 '새로운 카이사르'라고 자칭한 것도 이 용어 채택에 영향을 끼쳤다.

역설적이지만, 카이사르적인 개입을 가능하게 만드는 것은 시민사회의 바로 그 복잡성이다. 시민사회의 자율성은 차근차근

보나파르티즘

보나파르티즘이라는 용어는 마르크스의 《루이 보나파르트의 브뤼메르 18일》(1852)에 등장한다. 마르크스는 이 글에서 나폴레옹 3세가 권력을 장악하는 계기가 된 1851년의 쿠데타를 설명한다. 마르크스에 따르면, 1815년 이후의 프랑스는 불안정했다. 경제적·정치적 이해관계에 따라 여러 분파로 쪼개진 부르주아들은 한 계급으로서의 권위를 행사하지 못했다. 그러자 국가는 위험할 정도의 자율성을 얻게 되었다. 게다가 이 시기는 1848년의 혁명 직후여서 권력의 향배가 뚜렷하지 않았다. 나폴레옹 3세는 이 위기의 해답으로 출현했다. 그는 사라지고 있는 계급, 즉 보수적 농민층을 대표하여 집권한 것처럼 보였지만, 그가 내세운 질서는 프롤레타리아 혁명을 저지하여 장기적 관점에서 부르주아들에게 이익을 가져다주는 것이기도 했다. 그러므로 프랑스에서의 계급투쟁은 "터무니없을 정도로 평범한 자가 영웅 역할을 하게 만든 환경 및 관계"를 조성했다.

일반적으로 보나파르티즘은 '정태적 균형' 시기에 군대, 경찰, 국가기구가 질서를 다시 세우려고 개입하는 상황을 뜻한다. 따라서 이 개념은 역사적으로 그 이후에 등장한 군사정권들military juntas,* 스탈린주의, 나치즘의 통치를 이해하도록 도와준다. 그람시의 카이사리즘은 민주주의 내부의 경향까지 포괄하므로 더 넓은 범주를 뜻하는 용어이다.

---

* junta는 포르투갈어로 '위원회'라는 뜻으로, military junta는 쿠데타로 정권을 잡은 군인들이 중심이 된 군사통치 체제를 뜻한다. 한국의 경우 1961년 5·16 군사쿠데타 이후 1963년 대통령선거까지 이어진 국가재건최고회의 체제가 이와 유사하다.

분명하게 구축되어 왔기 때문에, 정태적 균형 시기가 왔을 때 지배계급이 시민사회를 갑자기 동원하기란 불가능하다. 카리스마적인 인물은 시민사회 제도들을 장악하는 데에 시간을 소비하지 않고 자신이 '당면 과제를 해결할' 사람임을 내세운다. 카이사르적인 인물은 그래서 대중들에게 곧장, 개인적으로 다가가는 포퓰리즘 지도자이기 쉽다. 이 포퓰리즘을 민주주의와 혼동하면 곤란하다. 이 사람은 사람들을 의사결정에 참여시키는 토대를 만드는 데에는 관심이 없기 때문이다.

따라서 그람시는 현대사회에서 카이사르적 해결책은 카이사르를 요구하지 않는다고 주장한다. 정당이 권력 메커니즘에 대한 독점을 유지하면서 포퓰리즘적인 슬로건을 쏟아 내는, 카이사르와 동일한 기능을 할 수 있다는 것이다. 그러나 '영웅적'이거나 '독불장군'에 가까운 개인일 때가 많은 카이사르형 인물들은 그람시가 카이사리즘이라는 범주 아래 꼽은 사람들처럼 꼭 호전적인 것만은 아니다. 사실, 현대의 카이사르라고 할 만한 인물은 반권위주의적이고 평화를 사랑하는 이미지를 지닌다. 영국의 왕세자비였던 다이애나는 살아서도, 그리고 죽은 뒤에는 더욱더, 포퓰리즘적인 여러 문제들을 대변하는 위치에 섰다. '하트의 여왕Queen of Hearts'[2]이자 '민중의 여왕'으로 일컬어진 다이애나는 영국의 무기 거래, 사회 소수자들의 주변부적 위상, 시대착오적인 군주제 등 온갖 종류의 사회적 골칫거리들에 대

[2] 대중의 사랑을 듬뿍 받는 여성을 뜻하는 말. 영국의 다이애나 왕세자비는 인터뷰에서

한 마법적인 해결책을 마련해 주었다. 이런 문제들을 가지고 씨름할 민주주의적 메커니즘이 발전하지 못했다는 사실이야말로 카이사리즘의 존재를 입증한다.

그람시는 놀랍게도 카이사리즘이 항상 반동적이지는 않다고 생각했다. 이 명백한 모순을 이해하려면 우리는 그람시가 마키아벨리에게 강한 영향을 받았다는 사실을 떠올려야 한다. 《군주론》은 군인–학자가 '국민–민중'의 중심을 마련할 수 있다고 주장한다. 카이사리즘은 '위대한 인물'의 개입이 새로 나타난 사회 세력의 승리를 견인할 때에는 '진보적'이며, 반대로 보수 세력이 승리할 경우에는 '반동적'이다(Gramsci 1971: 219). 물론 두 경우 모두 어떤 타협을 거치면서 나름의 한계를 가질 공산이 크다.

그러나 다른 대목을 참조해 보면, 그람시는 운명의 사나이가 반동적이지 않을 수도 있다는 가능성에 회의적인 태도를 취한다. 그는 군사 엘리트 계급을 분석(1971: 211–17)하면서, 이들이 경제활동 같은 일과는 잘 어울리지 않는 계급적 기원을 가졌고, 민주정부의 조건 바깥에서 움직이는 특정 제도에 충성을 바친다는 점을 지적한다.[3] 그는 이 엘리트들을 이용하려고 들면 함정에 빠질 수 있다고 경고한다. 그 무리 안에는 폭력 행위가 시민사회 내부의 민주적–대중적 제도 확립만큼이나 쓸모 있다고

"Queen of England보다 Queen of Hearts이기를 바란다"고 말한 적이 있다.

[3] 그람시는 유럽의 군사 엘리트 계급이 대개 농촌 부르주아지 출신이며, 이들은 토지에서 나오는 수익으로 살아가므로 여타 경제활동에는 익숙하지 않은 대신에, 사람들을 조직하고 운용하는 정치적 활동에 능숙하고, 또한 그 계급적 특성으로 인해 사회개혁

생각하는 자들이 숨어 있다는 것이다.

극적인 '기동전'보다는 장기적인 '진지전'을 수행해야 할 필요성을 전제하는 그람시 철학의 시각으로 보면, 카이사르적 해결책은 더 큰 위기를 초래한다. 폴 부캐넌Paul Buchanan(2000)의 말처럼, 지난 30여 년 동안 독재와 식민지 체제가 무너진 여러 나라에서 민주주의가 필연적으로 출현하지는 않았다. 반대로 권위주의는 놀라울 만큼 지속적으로 끈질기게 살아남는다. 동유럽, 남부 아프리카, 라틴아메리카의 사례들을 살펴보면 권위주의적 리더십의 대안을 모색하려는 시도들도 있으나, 개인이 가진 부적절한 권력이 탈권위주의 사회의 성공과 실패를 좌우하는 경우가 상당했다(Buchanan 2000: 115). 이제부터는 민주주의사회를 재구성하려는 '카리스마적' 시도들을 살펴볼 것이다.

위기관리

이제 위기, 수동적 혁명, 카이사리즘이라는 각각의 개념을 특정한 역사적 사례에 비춰 다루어 볼 차례다. 스튜어트 홀 외 4인이 쓴 《위기관리Policing the Crisis》(1978)는 1970년대 초반 영국의 '퍽치기mugging' 공포[4]를 분석했다. 이 책은 전후 영국 사회에

에는 가장 반동적인 태도를 취한다고 분석한다.

[4] 1972년 11월 5일, 영국의 한 빈민가에서 흑인 청소년 세 명이 한 남성을 퍽치기mugging한 사건이 발생했다. 영국 언론은 이 범죄가 이전에 없었던 새로운 방식이며,

서 동의가 어떤 식으로 점차 흔들리게 되었는지, '예외 상태'가 어떻게 그 자리를 대신하게 되었는지를 보여 주고자 1945년에서 70년대 중반에 이르기까지의 '정치적·사법적·이데올로기적' 형태들을 폭넓게 포착해 낸다. 자본주의의 위기는, 흑인 강도라는 '외부자' 형상이 대표 역할을 떠맡게 된 사회적 문제들에 대해 권위주의적 재현과 해결책들을 점점 더 많이 제시하는 방식으로 관리되었다는 것이 이들의 주장이다.

《위기관리》는 제2차 세계대전 종전 이후부터 1960년대 중반까지의 영국이 동의에 기반한 사회였다고 파악한다. 정치적 안정, 높은 고용률, 소득 증진, 장기적 소비 호황, '요람에서 무덤까지'를 내세운 복지국가 제도의 시행 등이 그 특징이었다. 정당정치의 여러 담론들은 상류계급 '기득권층'이 계급을 뛰어넘는 능력주의에 따라 교체되는 실용적·민주적 사회로 영국을 그려 내면서 이러한 합의를 뒷받침했다. 1951년부터 1963년까지의 보수당 집권기에 가장 핵심적인 말은 '풍요affluence'였다. 영국은 전후의 긴축·배급경제 시기를 지나 유례없는 물질적 번영을 누리면서 '계급이 존재하지 않는' 시기로 이동하고 있다는 생각이 이 말에 담겨 있었다. 뒤이은 1963년부터 1966년까지의 노동당 정권은 '근대화modernization'를 내세웠다. 수상인 해럴드 윌슨의

영국인의 전통적인 생활 방식에 대한 도전이라고 표현했다. 백인/기성세대/대영제국의 정체성과 문화를 위협하는 사건으로 초점화한 것이다. 퍽치기가 불러온 공포는 사회 전반의 보수화를 촉진하고 강압적 해결책을 정당화했다. 《위기관리》는 퍽치기가 70년대 들어 처음 나타난 범죄가 아니며, 이 사건이 주목받은 것은 위기를 강조하여 사회를 통제하려는 영국 사회의 보수주의적 흐름 때문이라고 주장한다.

유명한 예언, 새로운 영국은 "기술혁명의 백열白熱 속에서 단련될 것"이라는 발언도 이 시기에 나왔다.

당시의 영국이 정말로 동의에 기반한 사회였다면, 왜 눈에 띄는 정치적 진술들이 그렇게 많이 필요했는지를 묻지 않을 수 없다. 저자들은 전후 영국의 사회 복구가 너무나 불완전했기 때문이라고 답한다. 대영제국은 이제 사라졌고, 투자 수준은 낮고 물가는 높았으며, 금융자본주의를 강조하다 보니 제조업에서는 경쟁국들보다 불리한 위치에 놓일 수밖에 없었다. 또한 계급사회 해체는 과장된 주장이었음이 드러났다. 평균임금은 상승했으나, 이는 경직된 계급 차이가 유지되고 심각한 궁핍을 겪는 집단들이 여전히 존재한다는 사실을 감추는 역할을 했다.

지배계급은 앞에서 언급한 '주요 정치 과제들'을 성공적으로 처리하지 못했다. '풍요'와 '근대화'는 지배자와 피지배자 간의 진정한 관계를 더욱 포괄적인 합의로 재구성하지 못한 수동적 혁명에 불과했다. 이 실패는 가치와 권위의 위기를 불러왔다. 저자들은 도덕적 위기의 첫 징후를, 풍요를 내세우던 바로 그 시절인 50년대에서 찾는다. 특히 새로운 소비사회에 대한 보수주의적 불안은 '법을 무시'하고 '쾌락만 좇는' 청년들이라는 이미지로 집중되었다. 처음에 청년 문제는 백인 청년들이 흑인 이주자들을 공격한 사건 때문에 인종 문제하고만 관련되었지만, 나중에는 흑인 자체가 문제로 떠올랐다. 경제위기가 심화되면서 도덕적 공포도 점점 더 격렬해졌다. 게다가 조직범죄, 성적 '방종', 학생운동, 북아일랜드의 시민권 문제 등 사회질서를 위협한다고 여겨지는 사건들도 늘어 갔다.

《위기관리》는 서로 간에 앞뒤가 맞지 않는 이 불안들이 '숨어 있는' 실체를 갖고 있다고 주장하면서 전면적인 도덕적 공황을 야기한 메커니즘(무엇보다 뉴스 매체의 역할이 컸다)을 추적한다. 사회질서에 대한 국가와 대중의 반응을 증폭시켜서 "실제 나타난 위협과는 전혀 들어맞지 않는" 대응을 낳은 두 가지 전략이 있었다는 것이다(위의 책: 16).

첫 번째는 '수렴convergence'으로, 동떨어진 문제들 사이의 유사성을 강조하여 근본적인 연결이 있는 것처럼 암시하는 방법이다. 두 번째는 '한계치thresholds'로, 이를 침범했을 때 자동적으로 더 강력한 강제적 대응이 출현하게 한다. 저자들이 주목한 해인 1968년에는 성적 방종, 합법성, 시위자들의 폭력성 등이 한계치를 넘었으니 '어떤 대응이 필요하다'는 요구가 등장했고, 경계를 넘어선 자들에게 경찰력과 법적 기구들을 동원해도 좋다는 여론이 조성되었다. 이 해에 나타난 중요한 수렴 전략은 서구 대도시들에서 벌어진 학생운동과 영국에 사는 흑인들을 연결짓는 것이었다.

카이사리즘적인 개입이 이 수렴을 강력하게 뒷받침해 주었다. 1968년 4월 20일 이녁 파월Enoch Powell[5]은 악명 높은 '피의 강'

---

[5] Enoch Powell(1912~1998): 영국의 보수주의 정치인. 보건부 장관을 역임한 유력 정치인이었던 파월은 1968년 버밍엄에서 이민자들이 영국을 파괴하고 있으니 '피의 강이 흐를 것'이라고 예언했다. 그의 충격적인 인종차별적 연설은 광범위한 비판의 대상이 됐지만, 2년 뒤 보수당은 총선에서 승리했고 파월도 당선되었다. 파월은 80년대 후반까지 정계에서 활동했다.

연설을 했다. 조만간 영국에서 인종 간 전쟁이 벌어질 것이며, 보수당과 노동당 정부는 '존중받아 마땅할' 백인들을 배신했다는 내용이었다. 《위기관리》의 저자들은 전후의 사회적 합의가 정태적 균형 상태이며 그 때문에 주요 정당들이 어떠한 진전도 이루지 못한다는 사실을 파월이 잘 알고 있었다고 주장한다. 그래서 파월은 정치적 절차를 건너뛰고(이 연설은 의회에 인종 관계 법안이 상정되었을 때 행해졌다), 자신이 보기에 제대로 대표되지 않고 있다고 생각하는 특정 대중들에게 그들의 목소리를 대신해 발언했다. 사회적·경제적 분열의 초점을 인종에 맞춘 것은 효과적이었다. '옛 제국의 도시에서 눈에 띄게 쇠락한 지역'에서 살아가야 하는, '존중받아 마땅할' 중하층 노동계급 사람들의 일상 경험과 실망스러운 감정에 직접 호소하는 방식이었기 때문이다(위의 책: 244).

파월이 이 빈틈을 비집고 들어가 지도자로 등장하지는 않았지만, 정치적 논쟁의 중심이 권위주의 쪽으로 이동하게 만들었고, 이로 인해 그의 개입은 죽어 가는 합의가 남긴 공백을 메웠다. 1970년 총선에서, 그리고 집권 후에도 보수당은 노조의 전투적인 행동부터 이민자 문제나 사소한 기물 파손에 이르기까지 다양한 공공질서 관련 사건들에 권위주의적 해결책으로 대응했다. 제한하고 규제하는 권력인 법률은 심각한 위기 상황이 닥쳤을 때 헤게모니를 방어할 유일하고 효과적인 수단이다. 법과 질서를 내세운 보수당의 정책은 법에 의존하는 것을 정당화하는 강력한 결과를 낳았다(위의 책: 278). 이 시기의 영국은 예외적인 국가가 되었다(더 정확히 말하자면, 장기적 위기를 겪는 자본주의 국가의 '일반적'인 운용에서 '예외적인 시기'였다). 예외적인 국가에서는 사회질서에 대한 어떠한 위협이든 가장 높은 한계치에 대한 위반으로, 폭력 행위로 간주하는 경향이 있다.

그러니 위기는 여러 분야에서 닥칠 수밖에 없다. 영국의 장기적 경제 쇠퇴, 불만을 품은 '침묵하는 다수'를 대표하는 데에 실패한 정치인들, 사회적 질병 전반을 인종 문제 탓으로 돌리는 경향, 범죄 위험을 서슴없이 과장하는 언론, 그리고 권위주의에 기댄 보수당과 시민사회 그리고 국가. 1972년의 퍽치기 공황이 피할 수 없는 위기로 나타난 것은 이 이질적인 요소들이 한데 뭉친 결과였다. "[도덕적 공황의] 본질적 조건들은 '퍽치기 공황'이 나타났을 때 완전히 갖춰진 상태였다"(위의 책: 306).

물론 《위기관리》에 대한 비판도 많다. 종속 사회집단이 지배집단이 전하는 메시지를 받아들이는 방식을 추론한 부분은 특히 비판받는다. 저자들은 '권위주의적 합의authoritarian consensus'가 존재했다고 가정하나, 그 실체가 있다고 주장하는 언론 기사들 말고는 별다른 논거를 찾기 어렵다(Barker 1992; Stabile 2001). 게다가 이 책은 인종 문제가 얼마나 계급에 영향받는지의 문제도 충분히 해결하지 못했다. 그럼에도 불구하고, 우리는 위기를 이해하려는 그람시의 핵심 용어들이 현대사회 분석에도 충분히 적용될 수 있다는 것을 이 책을 통해 확인할 수 있다. 따라서 다른 시대에도 이 책의 위기 개념이 유용하게 사용될 수 있는지 평가해 보고, 총기, 조직범죄, 마약, 이민 등 지금의 도덕적 공황과 관련된 사건들을 분석하는 데에 《위기관리》를 본보기로 삼을 수 있다. 다음으로는 위기가 대중문화에서 어떤 방식으로 나타나는지를 살펴본다.

위기의 재현

문화를 다룬 몇몇 글에서 그람시는 정치적 위기가 대중소설에 미치는 영향을 간략하게 서술한 바 있다. 앞서 2장에서 보았듯이 이탈리아에는 대중적인 내러티브 전통이 없었으므로 이탈리아 대중문학 대부분은 다른 곳, 특히 프랑스에서 건너왔다. 그람시는 대중문학 생산이 국민-대중 확립의 필수 조건이라고 이야기하면서도, 대중소설의 세계관은 매섭게 비판했다.

그람시가 신랄하게 비난한 소설은 외젠 쉬Eugène Sue의 신문연재소설 《파리의 미스터리Les mystères de Paris》(1842~1843)였다. 이 초기 스릴러의 주인공인 루돌프 공公은 파리의 지하 세계를 장악하고 있는 인물로, 악당에겐 정의를 일깨우고 선행에는 보상을 한다. 그람시는 해당 텍스트의 서사적 충동과 파시스트들의 행동 사이에 분명한 연결 고리가 있다고 보았다. 이 소설이 "파시스트들의 사고방식이 형성되는 낭만적 배경을 설정"하고 있다는 것이다(Gramsci 1985 : 346n). 무솔리니가 이탈리아 사회민주주의의 약점을 카이사르적 해결책으로 파고든 것처럼, 루돌프 공은 계급투쟁을 '마비시키는' 카이사르적 인물이다. 《파리의 미스터리》만이 아니라 이와 비슷한 텍스트들은 "균형을 잃은 상상력, 영웅의 분노가 불러오는 전율, 심리적 불안"을 공유하면서 파시즘을 생산하고 흉내 낸다. 이 모험소설은 파시즘처럼 향수에 기대면서 폭력으로 사회에 다시 질서를 부여하려고 한다.

따라서 그람시는 낭만적 대중소설들이 파시즘이 낳은 문화적 산출물이라기보다는 파시즘의 문화적 구성 요소였다고 주장한다. 앞 절에서 다룬 뉴스 매체와 마찬가지로, 허구적 텍스트들은 위기를 재현한다. 그 장르의 일반적인 관습을 통해 매개하는 방식이다. 그러므로 나는 《위기관리》에서 다루는 시기에 나타난, 법질서의 강조와 예외 국가의 등장이 담겨 있는 허구적 텍스트들을 살펴볼 생각이다. 이 허구물들은 그람시가 말한 위기의 여러 특징들(독불장군형 인물, 폭력적인 해결책, '더 강력한 조치를 준비하는' 경찰력 등)과 일치하는 바가 많다. 그러나 그렇다고 해도 대중소설과 권위주의적인 사회집단이 한목소리를 낸다는 그람시의 가정은 받아들이기 어렵다. 허구 텍스트들은 나름의 취향을 지닌 특정 대중들을 겨냥하기 때문에, 대중 텍스트들이 위기를 어떻게 바라보고 어떤 해결 방안을 내놓는지에 대한 해석은 양면적일 수밖에 없다.

1970년대 초반, 문화 생산물들의 두드러진 모티프는 확실히 폭력과 법질서였다. 영화를 예로 들면 〈겟 카터Get Carter〉(1971), 〈빌런Villain〉(1971), 〈신문The Offence〉(1973), 〈어둠의 표적Straw Dogs〉(1971), 〈시계태엽 오렌지A Clockwork Orange〉(1971)는 영국을 폭력적이고 분열된 사회로 묘사하며, 이야기 속에서 이 무정부상태를 불러온 인물들(지하 세계의 두목, 포르노 제작자, 젊은 폭력배들)을 다양한 강제적 수단으로 징벌한다. 권위주의적 해결책 쪽으로 기우는 것도 사실이지만, 이 텍스트들이 법질서를 강조한다기보다는 위기와 협상한다고 볼 근거도 충분하다.

〈어둠의 표적〉과 〈시계태엽 오렌지〉는 도덕적 공황의 중심에 놓였던 영화들이다. 영국에서 영화 검열은 전통적으로 준자율 기구인 '영국영화등급분류위원회British Board of Film Classification(BBFC)'가 맡아 왔다. BBFC가 〈어둠의 표적〉은 일부 삭제, 〈시계태엽 오렌지〉는 무삭제로 판정하자, 문지기로서의 제 역할을 저버렸다는 비난이 들끓었고, 자유방임주의에 대한 공포가 BBCF로 집중되었다. 국가는 부도덕을 감시하느라 혈안이 된 보수주의자들과 힘을 합쳐 이 영화들을 공격하고 BBFC의 자유주의를 문제 삼았다. 뉴스 매체들은 존재하리라 가정된 이 위협을 증폭시키는 역할을 했다. 〈시계태엽 오렌지〉가 상영되면서 청소년들의 모방범죄가 늘었다는 보도들을 쏟아 낸 것이다.

게다가 이 텍스트들은 법질서에 대해 양가적인 반응을 보일 때가 많다. 이 영화들보다 주류에 속하는 텍스트들에서도 권위주의에 대해 애매모호한 태도를 취한다. 오랫동안 텔레비전으로 방영된 경찰 드라마인 〈스위니The Sweeney〉(1974~1978)는 법질서가 갖는 문제를 더 직접적으로 진정성 있게 다루었다는 점에서 이전의 접근과 달랐다. 그러나 레온 헌트Leon Hunt(1997, 1999)가 주장하듯이, 자본주의국가가 그 적들에게 질서를 강요하는 지점에서만 이 드라마의 재미가 발생한 것은 아니다. 이 드라마를 기반으로 제작된 영화 두 편은 특히 더 그러했다.

1977년에 제작된 같은 제목의 영화 〈스위니〉에서 진짜 악당은 개별 범죄자가 아니라 '사악한' 자본주의 자체다(1999: 139). 경찰 스릴러물의 일반적인 관습대로라면 배우 존 서John Thaw가 연기한 주인공 리건Regan이 사태의 전체적인 측면은 건드리지 못해야 하겠지만,[6] 이 영화는 지배계급과, 일반적인 상황에서라면 지배계급의 대리자여야 할 국가가 지닌 강제력 사이에 틈을 만들어 놓는다. 〈스위니 2〉(1978)도 비슷하다. 리건은 무장강도를 막기 위해 뛰어다니는데, 이 강도단은 영국에 닥칠 문제들을 제 나름대로의 폭력적인 방식으로 해결하려는 자들이다. 헌트는 이 악당들이 리건의 '약자의 포퓰리즘'과 충돌하는 (권위주의의 논리적 결론인) '숨어 있는 파시즘'으로 재현된다고 주장했다. 그렇다면 이 대중 텍스트들은 권위의 위기에 대한 강제적 해결을 반영한다기보다는, 그 위기와 협상한다.

당시 사람들은 〈스위니〉의 실감 나는 폭력이 미국에서 1960년대 후반에 만들어진 폭력 재현의 관습을 따른 것이라고 받아들였다. 퍽치기가 '미국화한' 범죄 행위로 해석되었듯이(Hall et al. 1978 : 3), 영국의 시각문화에 등장한 새로운 리얼리즘은 유해한

[6] 흔히 '느와르'라고 불리는 범죄물의 장르적 특징 중 하나는 사건을 해결해야 할 수사관/탐정이 운명, 국가, 역사 혹은 개인이 어찌할 수 없는 복잡한 사회구조 앞에서 최종적으로 패배하는 결말이다. 주인공은 주어진 사건을 파고들어 일차적인 퍼즐은 풀어내지만, 그 뒤에 등장하거나 암시되는 거대한 장벽은 뛰어넘지 못한다.

미국문화가 끼친 영향이라고 생각했던 것이다. 다음 장에서는 그람시가 미국화Americanization를, 또 미국화와 경제적 변화의 관계를 어떻게 파악했는지 알아볼 것이다.

헤게모니는 위기의 시기에 활발해진다

7장에서는 그람시가 자본주의의 유기적 위기와 단기적 징후를 어떻게 구분했는지 살펴보면서 그의 위기 개념을 알아보았다. 위기의 시기에는 문화적 리더십의 새로운 표현이 등장하고, 그중 일부는 권위주의적 개인숭배와 연관된다. 《위기관리》와 70년대 초의 대중문화 분석은 위기의 시기에 헤게모니 활동이 활발해진다는 것을 보여 준다. 강제성이 두드러진다는 것은 '압제의 시대iron times'가 왔음을 알리는 것이겠으나, 대중의 동의를 얻어 내야 할 필요가 없어졌다는 의미는 아니다. 사실 강제의 본질도 대화의 대상이다. 국가의 강제도 대중문화와 상식 안에 존재하는 권위주의적 조류와 상응해야만 한다.

제 8 장

미국주의와 포드주의

그람시는 당대의 국제적 동향을 약간씩 언급하지만, 이탈리아 바깥의 헤게모니 활동을 꾸준히 분석한 적은 거의 없다. 예외가 있다면 유럽의 미국화를 광범위하게 논의한 것이다. 흔히 역사적으로 미국 경제에는 혼란스러울 만큼 규제가 없었다고들 하지만, 그람시는 경제적 개인주의와 자유방임주의가 계획경제로 나아가는 과정이 미국주의Americanism와 포드주의Fordism라고 주장한다.

그렇다면 이탈리아 파시스트 정부, 소비에트 러시아, 이후의 나치 독일, 그리고 서구 민주주의국가들도 경제계획을 실험했기 때문에 미국주의는 미국만의 것이라고 할 수 없다. 또 당시 미국의 대부분은 그람시가 암시한 만큼 산업화되어 있지는 않았다. 그러나 그람시는 대개 미국을 자본주의적 축적의 새로운 장을 여는 본거지이자 상징으로 다룬다. 그는 알렉시 드 토크빌Alexis de Tocqueville의 《미국의 민주주의De la démocratie en Amérique》(1835~1840)에서 비롯된, 미국의 정치경제학에 관한 유럽적 전통 아래에서 글을 쓴 셈이다.

포드주의는 역사상 처음으로 대량생산체제를 도입한 자동차 회사 포드사의 창업주 헨리 포드Henry Ford(1863~1947)의 이름에서 따온 말이고, 생산과정을 특정한 신체 행위에 따라 하나하나 나누는 합리적 산업생산 형식을 일컫는 테일러주의Taylorism는 '과학적 경영' 이론가인 프레드릭 테일러Frederick Taylor(1856~1915)에게서 유래했다.

이제 국가는 새로운 대량생산 형태에 필요한 거시경제적 조건을 마련해야 했고, 새로운 복지 권리와 '소비자 민주주의'는 노동자들의 사적인 삶을 변화시켰다(Lee 1993: 82). 새로 등장한 합리화 과정은 서발턴과 지배계급 모두에게 영향을 끼쳤다. 노동계급은 새로운 노동, 소비, 행동 양식을 익혀야 했고, 구체제 질서에 '기생'하던 자들은 포드주의 사회에서 시대착오적인 계층이 되었다. 그람시는 이 변화들이 역사적 '신기원'을 열었다고 할 만큼 충분히 획기적인지, 아니면 이미 존재하던 어떤 과정의 강화에 불과한지를 묻는다. 만약 후자라면, 미국주의는 앞 장에서 논의한 수동적 혁명의 변종에 불과할 것이다.

이 입장에 따르면, 포드주의는 1929년 월스트리트 붕괴로 시작된 대공황이 낳은 세계적 위기에 대한 대응책이다. 파시스트 정권 하의 이탈리아도 마찬가지였지만, 포드주의가 그 산업적 '토대' 안에서 유기적으로 출현한 것이 아니라 (법적·정책적 수단을 통해) '외부에서' 도입되어 그 경제의 변화를 강제했다는 것은 미국주의가 수동적 혁명의 일종임을 시사한다. 여기서 문화적인 힘으로서의 미국주의가 무엇인지 질문해 볼 수도 있다. 미국주의는 영화, 재즈, 정신분석처럼 다양한 형태로 전 세계에

소위 현대적인 태도를 퍼뜨렸다. 대중문화는 기존의, 혹은 출현 중인 국민-대중 문제를 파악하게 해 준다.

8장에서는 이 문제들을 중심으로 삼는다. 미국주의 아래에서 '기생'계급이 처한 운명에 관한 논의에서 출발해 미국주의-포드주의 체제에 노동자들이 편입되는 문제까지 살펴보고, 다음으로는 대중문화의 미국화에 유럽이 어떻게 반응했는지, 현재 세계화 과정에서 미국주의의 위상은 어떠한지를 살펴볼 것이다.

기생 집단과 수동적 잔여물

그람시에게 미국을 이해하는 열쇠는 국가로서의 짧은 역사와 급속한 산업 발전이다. 이로 인해 미국에는 유럽에 존재했던 많은 중간계급, 즉 생산에 참여하거나 이를 조직하는 '기본' 계급에 기생하면서 별다른 생산적인 역할을 하지 않는 이들이 없었다.

그람시가 명시적으로 구분하지는 않았으나 '중간계급'은 두 종류로 나누어진다. 하나는 성직자, 공무원, 장교, 지식인층을 포함하는 '수동적 잔여물'로서, 한때는 활발하게 유기적 기능을 수행했으나 이제는 거대하고 부담스러운 봉급생활자층으로 굳어진 이들이다. 더 직접적인 기생계급인 두 번째 부류는 토지를 농민에게 빌려 주고 소작료를 받는 금융 투기꾼이나 지주들이다. 땅을 경작하는 이들이 빈곤으로 내몰리는 동안에도 이들은 도시에서 호화로운 삶을 누렸다.

그람시는 이런 착취 구조 아래에서는 도시 그 자체가 기생적인 성격을 갖는다고 지적했다. 19세기 유럽과 그 식민지의 여러 대도시들에도 모두 해당되는 문제이겠으나, 예를 들어 이탈리아 남부 지방의 대지주들은 자기 소유의 땅보다는 대도시인 나폴리에 거주하는 편을 선호한 까닭에 도시경제는 이들의 욕구를 만족시키는 방향으로 굴러갔다. 나폴리는 무역상품을 만들고 산업 노동력을 제공하는 곳이 아니라 지주 가문을 섬기는 하인, 장인, 상인들이 넘치는 도시가 되었다. 그람시는 "말 한 마리의 똥이 참새 백 마리를 먹인다"고 표현했다(Gramsci 1971: 283). 비생산적인 하인 계급을 유지하는 비용은 집달리, 마름, 마피아 같은 중간계급을 시켜서 시골 빈민에게서 수탈해 오게 하는 방식으로 충당했다.

하지만 그람시는 비슷한 구조가 미국에도 존재한다는 사실을 알지 못했거나 언급하지 않았다. 소작농은 미국에서 흔히 볼 수 있었고, 특히 남부에서는 인종차별이 계급적 억압과 복합적으로 작용했다. 그람시는 미국 제조업의 중심지인 북부를 분석대상으로 삼았다. 사실상 기생계급이 존재하지 않았던 이곳은 이로 인해 산업화를 이룰 수 있었다. 나폴리 같은 도시들은 본질적으로 안으로 움츠러들 수밖에 없었지만, 미국화한 산업자본주의는 밖으로 향했다. 전 세계 대중소비 시장으로 진출하기 위해 새로운 상품의 생산과 배급을 꾀해야 했던 것이다. 그람시는 "공장에서 태어난" 포드주의의 헤게모니가, "아주 약간의 전문적이고 이데올로기적인 개입만으로도 행사될 수 있다"고 했다(위의 책). 따라서 유럽의 기생계급은 "자신들을 무자비하게 쓸어내 버릴" 발전을 두려워하고 여기에 저항한다. 뒤에서 보게 되겠지만, 이 계급에 속하는 지식인들이 유럽의 '고급'문화와 미국의 대중문화 간의 차이를 강조하려고 애쓸 때, 저항은 이데올로기적인 차원에서 일어난다. 기생적 지배계급이 결국 소멸할 운명이라면, 그람시는 미국주의 하에서 종속계급이 어떻게 되리라고 전망했을까?

노동자, 도덕성, 쾌락

감옥에서 처형 타티아나에게 보낸 편지 중 한 통에서 그람시는 아내 줄리아가 과로로 신경쇠약에 걸렸다면서, 점점 더 많이 일어나는 이 현상이 포드주의적 노동 관행과 미국적인 관리 기법이 소비에트 러시아에까지 침투해 들어온 증거라고 썼다.

> 포드사는 직원들의 사생활을 감독하고 통제하는 조사관들을 두고 있어요. 그들은 음식, 침대, 방의 가로세로 크기, 휴식 시간, 그리고 더 내밀한 문제들까지 관리합니다. 따르지 않는 직원은 해고되어 하루 6달러나 되는 최저임금을 잃게 됩니다. 포드는 이 돈을 지급하면서, 일을 할 줄 알고 항상 일에 적합한 사람, 다시 말해서 일에 자신의 생활 방식을 맞출 줄 아는 사람을 원하는 겁니다(Gramsci 1979: 182).

산업화가 공장 생산에서 특정 역할을 수행해야만 하는 노동자들에게 새로운 규율을 부과한다는 사실에 처음 주목한 사람이 그람시는 아니다. 찰스 디킨스는 《어려운 시절Hard Times》(1854)에서 공장 자본주의가 마음을 필요로 하지 않기 때문에 공장 노동자들이 그저 '손'으로 전락했다고 묘사했고, 마르크스와 엥겔스는 《공산당 선언Communist Manifesto》(1872)에서 노동자들을 "기계 부속품"으로 묘사했다. 그람시와 동시대 작품인 업튼 싱클레어의 《정글The Jungle》(1906)은 포드 자동차 공장이 출현하기 몇 년 전의 시카고 도살장을 배경으로 생산라인의 잔인함을 묘사했다. 테일러주의와 포드주의는 단순반복 노동 형태의 강화를 대표할 따름이었다.

그람시가 여러 번 지적했듯이, 테일러는 공장 노동이 훈련받은 고릴라도 할 수 있을 만큼 단순하다고 주장했다. 그람시는 자동화가 낡은 노동자계층의 일부를 가차 없이 사라지게 할 것이라는 점을 인정하면서도, 산업화 속 인간성을 비관적으로만 보는 시각을 경계했다. '인간의 정신적 죽음'이 아니라는 것이다. 일단 노동자가 작업 속도와 성격에 적응하고 나면 자동적으로 작업을 수행하게 되고, 노동자는 사라져 버리는 것이 아니라 생각할 기회를 더 많이 갖게 될 것이다. 무엇보다 자신들은 훈련받은 원숭이가 아니며 그 일이 만족을 가져다주지 않는다는 점을 고민하게 될 것이다. 이 생각이야말로 혁명의식의 기초이다.

그람시는 포드주의의 정말 새로운 면모 두 가지를 지적했다.

하나는 (단기적으로라도) 높은 임금을 책정한 것이고, 또 하나는 노동자의 여가 시간에 주목한 것이다. 포드사가 노동자들의 사생활을 조사한 맥락은 여기에서 찾아야 한다. 새로운 노동자만이 아니라 새로운 인간을 창조하려는 시도였던 것이다. 도덕, 교육, 보건 문제에 중점을 둔 이 '재창조'는 정신적 향상을 겨냥하는 인본주의적 기획 같은 것과는 거리가 멀다. 새로운 생산방식에 심리적·신체적으로 적합한 노동자들을 만드는 것이 그 목표였다. 생산량을 늘려서 이윤을 극대화하려고 한 것만은 아니다. 노동자를 계속 교체해야 할 필요성도 최소화하려 했다. 자본가들에게 노동자는 "큰 손실 없이 자주 새 부품을 갈아 끼우기는 어려운 기계"였기 때문이다(Gramsci 1971: 303). 노동자들에게 도덕 개혁만 강요되면 산업통제 전략이 너무 빤히 보일 것이므로, 가장 지속적인 '청교도적' 기획은 국가라는 중립적 영역에서 혹은 노동자들 스스로에게서 나와야 한다.

이런 개혁의 구체적인 예로 그람시는 1920년 제정된 볼스테드법(금주법)과 이 시기의 성 윤리를 들었다. 1933년에 볼스테드법이 폐지되긴 했지만, 미국 사회가 이 문제들에 관한 어떤 합의를 이후로도 오래 유지했다는 사실은 분명해 보인다. 경제적 기반을 제대로 작동시키려는 목적이 컸겠지만, 미국인들의 삶에 기독교적 도덕주의가 뿌리 깊게 박혀 있기 때문이기도 했을 것이다. 여기서 그람시는 문화현상을 분석할 때마다 보여 주던 예민한 역사적 시각을 드러내지 못했다.

공장 관리자들은 술과 섹스에 탐닉하는 노동자들을 못마땅하게 여겼을 테지만, 노동자들도 절제 쪽으로 기울었다고 말하기는 어렵다. 포드의 실험은 결국 완전히 성공하지는 못했다. 그람시는 노동계급에게 변화가 강요되었다고도 하고, 그들이 상층계급의 타락을 향해 프롤레타리아적 적개심을 표출했다고도 하면서 확실한 방향을 잡지 못한다. 그람시에 따르면 노동자들은 금주법에 반대하지 않았고, "밀매와 조직범죄가 야기한 부패는 상층계급 사이에 널리 퍼져 있었"(위의 책: 299)으며, 양차 세계대전 사이에 미국에서 나타난 성 개방화는 부르주아적 현상이다. 상류층은 미인대회, 광고, 영화, 극장에서 여성을 성적 대상으로 삼았으며, 상류층 여성은 마음대로 결혼하고 이혼하면서 성적 독립이라는 병적 현상을 낳았다(위의 책: 306).

그람시의 진술은 모순적이다. 그람시는 페미니즘에 공감을 표하면서 여성이 일이든 성이든 남자와의 관계에서 진정한 독립을 이루어 내야 한다고 쓴 적이 있다(1979: 294). 게다가 감옥에서 쓴 편지들은 인종 간 결혼(218), 혼전 성관계, 자유로운 이혼(199)을 언급하면서 성 문제를 도덕적 차원에서 바라보지 않는 태도를 내비친다. 이 모순은 그가 이 문제들을 농촌에서 벌어지는 일로 보기 때문에, 즉 현대 세계의 일로 보지 않기 때문에 생기는 현상이다.

당대의 현실을 다룰 때면 그람시는 일종의 '좌파 청교도주의'에 사로잡혀 산업노동자가 농민이나 상류층보다 더 높은 도덕적 기준을 가지고 있다고 가정한다. 어찌 보면 그람시 개인의 자유주의와는 상충되는 지식인스러운 반응이다. 이 절의 앞머리에 인용한 편지에서, 그는 도덕 문제에 애매하게 접근하는 태도가 정치적 행위라고 말한다. 유럽의 지식인들이 사생활의 포드주의적 '기계화'에 저항하려고 보헤미안적인 태도를 취한다는 것이다. "우리는 터무니없이 낭만적입니다. 부르주아가 되지 않으려고 애쓰면서 부르주아의 가장 전형적인 행동인 보헤미안 노릇을 하게 되는 겁니다"(위의 책: 182). 그러나 노동계급이 도덕적으로 정결하다고 묘사하는 것도 똑같이 낭만적이다. 극장은 중산층이 주로 가는 곳이고, 유럽에서는 이혼이 드물더라도, 미인대회와 영화관의 성적 이미지들은 노동계급 남성과 여성이 똑같이 즐긴 대중적 쾌락이었다.

개인을 재창조하려고 한 포드주의를 다룰 때 그람시가 직면한 문제 혹은 모순은 그의 사상에서 완전히 해결하지 못한 두 가지 문제와 관련되어 있다. 하나가 프티부르주아의 성격 문제라면, 또 하나는 대중적 쾌락의 이론화이다. 청교도주의, 고임금, 공장의 엄격한 규칙은 포드주의의 승리를 전부 설명하지 못한다. 그 승리는 쾌락의 생산, 특히 소비적 쾌락의 생산과 밀접한 관계를 맺음으로써 가능했다(다시 말해, 누가, 왜 포드 자동차를 구입하는가? 라는 문제이다). 상품에 대한 혹은 영화를 비롯한 포드주의적 문화 형식에 대한 소비이론에는 별 관심을 두지 않았기 때문에, 그람시 이론은 그 스스로 맹렬하게 비난한 바로 그 지식인적 외부성이라는 함정에 빠졌다고 볼 수 있다.

우리는 계급문화를 그람시보다 섬세하게 이해해야 한다. 그람시는 프롤레타리아와 공장 소유주 사이에 여러 중간층이 존재하며 헤게모니가 계급 간 동맹의 형성을 수반한다고 하기는 했지만, 중하층계급이 파시즘의 토양을 마련하므로 본질적으로 반동적인 계급 분파라고 치부하는 경향이 있었다. 결과적으로 싱클레어 루이스Sinclair Lewis의 《배빗Babbitt》(1922)에 대한 언급[1]을 제외하면, 그람시는 포드주의 하의 프티브르주아에 별다른 주의를 기울이지 않았다. 개인을 도덕적으로 재구성하려는 포드주의의 시도가 가장 성공한 지점이 바로 여기일 것이다. 그람시는 《옥중수고》의 여러 부분에서 개인의 심리에 프로이트적으로 접근하려는 시도가 확산되었다는 사실을 미국주의의 특징 중 하나로 든다. 그가 계급 용어를 빌려 이 부분을 더 자세하게 다루지는 않았지만, 수 커럴Sue Currell(2006)의 연구에 의하면, 미국 화이트칼라 노동자를 재구성하려는 가장 큰 움직임은 대중심리학의 영역에서, 특히 자기계발서의 형태로 나타났다.

커럴은 컬럼비아 대학 교수였던 월터 B. 피트킨의 베스트셀러 《인생은 마흔부터Life Begins at Forty》(1932)에 주목했다. 대공황으로 실업자가 된 중산층이 이 책의 주요 독자층이었다. 피트킨에 따르면 대공황은 여가 시간 증대와 자기 계발을 지향하는 시대적 흐름의 막간극에 불과하다. 도덕적·지적 훈련을 거치면 중산층 노동자들은 "가장 '예리한' 정신을 지닌 이들이 주도하는 계

[1] 싱클레어 루이스(1885~1950)는 노벨문학상(1930)을 수상한 미국 작가로, 《배빗》의 주인공 이름인 배빗은 중산층의 속물성을 대표하는 단어가 되었다. 그람시는 〈미국주의와 포드주의〉의 연장선상에서, 배빗을 예로 들면서 미국과 유럽의 속물성을 비교하기도 했다.

획적·합리적·사회적·경제적 질서" 속에서 제 역할을 하게 되며, 합리적 개인을 그 출발점으로 삼는 자본주의 체제는 이에 반응해 재편성될 것이다. 피트킨의 책은 '본질적으로' 의욕이 넘치는 중산층 미국인들이 재기하여 '정신적·사회적으로 열등한 자들'에 대한 지배를 재천명하게 되는 새로운 미국의 모습을 그려 내면서 개인적인 것과 정치적인 것을 결합하였다. 따라서 그의 미래 전망은 자동화와 자기통제에 의존한다는 점에서 포드주의와 유사하지만, 프티브르주아가 더 큰 역할을 맡아 그 피지배층을 강제 지배하게 된다는 점이 다르다. 피트킨의 전망은 이러하다.

> 이제부터 1975년까지, 우월한 사람들은 하층 노동자들에게 점점 덜 의존하게 될 것이다. 힘들고 단조로운 일은 농장과 밭, 제분소와 공장, 학교와 집에서 자취를 감춘다. 거대한 힘이 대부분의 일을 없앤다. 과학적 조직화, 협동, 발명이 그 나머지도 사라지게 할 것이다. 이미 우리는 채찍을 들거나 모욕을 가하지 않고 아예 해고해 버리는 친절한 방법으로 멍청이, 미숙련자, 잘못 배치된 자들을 몰아내기 시작했다(Currell 2006: 122에서 재인용).

미국적인 전통인 자기계발서는 여기저기서 놀림감이 될 때가 많지만, 이 문화양식은 전 세계에 포드주의 철학을 (변형시키면서) 전파한 성공적인 수출품이었다. 미국주의-포드주의는 단순한 경제정책이 아니라 대중문화와 밀접하게 관련된 가치 체계였기 때문이다. 사실 포드주의적인 생산양식이 여러 유럽 국가에서 자리잡은 시기는 제2차 세계대전 이후이므로, 경제 영역에서의 변화가 일어나기 전에 문화적 차원에서 포드주의가 요구하는 '정신적·신체적 균형 상태'가 퍼져 나갈 수밖에 없었을 것이다. 그렇다면 다음으로 살펴봐야 할 것은 미국문화의 수출이다.

미국화와 문화

《옥중 수고》에서 문화의 미국화Americanization를 논하는 대목은 단편적이고 모순적이다. 한편으로 그람시는 미국이 새로운 문화 형식을 만들어 내고 있다는 생각을 거부한다. 미국문화는 유럽의 낡은 양식들을 '곱씹고 있을' 뿐이라는 주장이다. 대신에 그는 경제환원론적 시각으로 이 문제에 접근한다.

미국 경제는 "대체불가능한 무게"를 갖고 있어서 곧 유럽 문명의 기초를 변화시킬 것이고, 그래서 "기존 문명의 형식을 무너뜨리고 새로운 문화와 새로운 삶의 방식의 탄생을 야기하게"(Gramsci 1971: 317) 된다는 것인데, 그는 이 문화가 정확히 어떤 형태를 취할지까지는 적지 못했다. 그러나 유럽 지식인층의 '수동적 잔여물'들이 취향을 감정하고 질적 판단을 내리는 그들의 독점 영역을 침범한다는 이유로 미국주의에 반대한다는 그람시의 진술은 미국문화의 다른 성격을 암시한다. 의미 있는 문화를 재건할 역량을 갖추지 못한 이 집단은 미국주의의 낌새라도 보이면 무조건 반대하는 부정적 역할을 떠맡게 된다. 이 시기의 미국문화는 '저급'한 대중문화의 자리에, 그리고 전통적 지식인들이 제 우월성의 증거로 삼아 문지기 역할을 하면서 방어하는 '고급'스러운 주류문화는 그 반대 위치에 놓인다는 뜻이다.

대중문화를 언급하는 그람시의 다른 글들을 참조하면 이 주장을 더 확대해 볼 수 있다. 앞에서 이야기했듯이 그람시는 19세기 이탈리아 지식인층이 그 헤게모니 속으로 민중계급을 끌어들이지 못했기 때문에 대중문화 전통 수립에 실패했다고 주장한다. 이탈리아인들은 자신의 경험과 열망에 공명하는 대중문학을 외국, 특히 프랑스에서 발견했다. 이탈리아 바깥의 감정 표현 형식이 이탈리아인들에게 영향을 끼칠 길이 열린 것이다. 그람시의 말에 따르면, 모든 나라에는 어떤 문학이 존재하지만 "그 문학은 다른 나라 사람들에게서 유래할 수도 있다. 다른 나라 사람들의 지적·도덕적 헤게모니에 종속될 수 있는 것이다"(Gramsci 1985: 255). 이 논리를 20세기에 적용하면, 이 '다른 나라 사람들'은 당연히 미국인이며, 미국의 헤게모니가 나타나는 문화양식은 댄스뮤직(박스 참조), 그리고 영화였다. 미국문화 양식들은 유럽문화의 모방이 아니라, 기술적으로나 미학적으로도 독창적이었다.

미국주의를 분석한 나중에 유럽에서 나온 많은 연구들은 미국의 헤게모니 전파 방식보다는, 미국화가 국가 내부의 헤게모니 투쟁에서 어떤 동기로 작용하느냐에 더 집중했다.

오셔O'Shea (1996)와 체임버스Chambers(2000)는 영국 노동계급 관객들이 할리우드 영화를 지금 살고 있는 곳에 고정된 정체성의 한계를 초월하고 사회 지도계급의 권력에 저항하는 수단으로 삼고 있다고 주장했다. 영국영화들은 영국의 영화제작자들이 훌륭한 취향이나 잘 만든 영화라고 생각하는 전통적인 틀에 기대어 "섬에 한정된 세계"를 표현하지만, 할리우드는 관객들이 현대적 삶의 민주주의적 가능성을 이해하게 해 주는 훨씬 "대담한 전망"을 제공한다는 것이다. 체임버스는 미국영화 〈위험한 질주The Wild One〉(1953)와 영국영화 〈토요일 밤과 일요일 아침Saturday Night and Sunday Morning〉(1961)을 비교하면서, 두 영화가 공통적으로 젊은 남성들의 반항을 그리고 있으나 〈위험한 질주〉만이 상식적인 세계관에 도전해 지배 블록의 헤게모니에 균열을 낸다고 해석했다. 거의 신화적이라고 할 만한 '미국'의 여러

그람시와 재즈

그람시는 지식인들이 대중을 '느끼고' 이해해야 한다고 여러 번 강조했지만, 20세기 문화에 대해서는 전형적으로 보수적이고 혼란스러운 판단을 보였다. 감옥에서 쓴 편지들 중 하나에서는 재즈를 미국적 현상들 중 하나로 인식하지 못하고 아프리카에서 곧장 나온 것으로 설명한다. 더욱이, 그는 재즈를 중산층 문화에 영향을 끼치는 '흑인negritude'의 영혼이라고 표현하면서 진정한 문화양식이라고는 생각하지 않는 태도를 보였다.

〔우상 숭배라는〕 위험이 정말 있다면, 유럽에 들어온 흑인들의 음악과 춤일 것입니다. 이 음악은 유럽의 문화인구 전체를 완전히 압도해 버려서 열광에 빠지도록 만들었지요. 흑인들이 숭배하는 물건 주위를 돌면서 춤을 출 때 끊임없이 반복하는 몸짓이나, 재즈 밴드가 연주하는 되풀이되는 당김음 리듬이 어떠한 이데올로기적 효과도 없다고는 생각할 수 없어요(Gramsci 1979: 123).

의미들, 즉 "소비주의, 현대주의, 청년, 전통 거부" 등은 "전통적인 제휴 관계에 기반하여 해당 지역의 문화 형식을 따르는 저항보다, 현지의 문화 헤게모니에 훨씬 더 의미심장한 도전을 감행한다"는 것이 체임버스의 결론이다(Chambers 2000: 273-4).

이 민주적 쾌락 앞에서, 유럽 지식인들은 "파멸과 절망이 닥쳐 온 것처럼" 방어 태세를 취했다. 딕 헵디지Dick Hebdige(1988)는 영국에 출현한 '부정적 합의'에 주목했다. 정치 성향이나 일하는 분야까지 다른 지식인들이 한꺼번에, 미국적인 문화 형태가 들어와 자리잡으면 영국의 도덕적·문화적 수준이 낮아질지도 모른다는 공포에 사로잡혔다. 여기서 엿보이는 비관주의는 체임버스의 논의를 떠올리게 한다. 지식인들에게, 미국적인 패션과 어투, 영화, 음악에 빠져들어 미국이라는 신화적 세계로 '넘어가 버린' 영국 청소년들만큼 강력한 이미지도 없었다.

헵디지가 분명하게 밝혔듯이, 사람들은 미국적인 문화와 가치를 받아들일 때 단순히 문화적 민주화나 문화적 제국주의로 기우는 것이 아니라 더 많은 협상과 절충을 거친다. 이 지점은 그람시 이론의 유용성에 대한 우리의 탐구에 큰 도움이 된다. 헵디지에 따르면, 포드주의는 대규모 생산 능력을 보여 주면서 생산 수준에서의 논쟁에서는 승리했으나 그렇다고 해서 가치투쟁에서 이겼다고 말하기는 어렵다. 미국문화는 청바지를 입고 할리우드 영화를 보고 소울뮤직을 듣고 햄버거를 먹는 많은 유럽인들에게 영향을 끼쳤지만, 이 사물들의 의미는 변형되고 전유되었다. 1960년대 영국 대중들의 문화 취향이 미국, 유럽, 영국문화의 혼합으로 만들어졌다는 사실은, 미국주의의 힘과 옛 질서의 허약함을 이야기할 때 주의가 필요하다는 점을 일러 준다. 비슷한 예를 들자면, 1960년대 이탈리아의 '스파게티웨스턴'은 할리우드 영화 문법을 자기 식대로 뜯어고치면서 미국영화의 공습 아래에서 이탈리아 영화산업이 얼마간 버티게 해 주었다. 스파게티웨스턴의 등장은 미국문화의 침투도 보여 주지만, 동시에 그 상황에서 스스로 마련한 대화의 존재도 드러낸다.

세계경제의 변화는 그람시의 분석을 재평가하게 하지만 그람시 이론을 기각하게 만드는 것은 아니다. 흔히 이제는 세계화와 포스트-포드주의가 미국주의와 포드주의를 대체했다고들 한다. 그러나 우리가 과거와의 단절을 받아들이든 아니든, 경제결정론을 인정하든 안 하든, 그람시가 제기한 많은 문제들은 여전히 그 중요성을 잃어버리지 않았다. 이제 계획경제는 인기가 없지만, 생산의 합리화와 대량화는 그렇지 않다. 리처Ritzer의 '맥도날드화' 연구는 패스트푸드 생산에서의 합리화(혹은 본질적으로 포드주의적인) 원칙이 "식당 사업만이 아니라 미국 사회를, 나아가 전 세계를 혁명적으로 바꿔 놓았다"고 주장한다(Ritzer 1993: xi). 코카콜라, 리바이스, 나이키 등의 상품에 담겨 있는 미국적인 생산과 물질문화는 정치적·종교적으로 미국을 적대하는 국가들 사이에도 널리 퍼져 있다.

게다가, 다국적 자본주의는 생산라인을 개발도상국으로 확대하거나 노동자들을 일터에 붙들어 두는 새로운 전략을 마련해 노동자를 "정신신체적psychophysical"으로 재조직하려는 시도를 계속하고 있다. 스티븐 로건Steven Logan(2002)은 의류 판매 노동자들에게 주어진 직원 할인이 노동자를 소비자이자 브랜드로 만든다는 흥미로운 연구를 진행했다. "난 매일 학교에 이 옷들을 입고 가야 해요. 내가 갭Gap 매장에서 일한다고 말을 안 해도 이렇게 입고 다니니까, 난 갭걸Gap girl인 거죠."(Logan 2002: 126).

자본주의의 합리화와 동질화는 계속 저항에 부딪힌다. 그람시의 전망과는 달리, 사라지지 않은 '수동적 잔여물'들이 이 저항의 일부를 맡고 있다. 우리는 〈남부 문제에 관한 몇 가지 주제들〉에서 밝힌 그람시의 입장과, 종속계급이 "'미국화'가 아닌 '원래의' 삶의 방식을 스스로 찾아야" 한다는 그람시의 당부를 기억해야 할 것이다(Gramsci 1994: 317). 예를 들어, 유럽에서는 도시와 농촌, 신흥 집단과 잔여 집단 사이의 연대가 나타나 미국식 식량 생산 및 판매 방식에 저항한다.

국제 와인사업을 다룬 다큐멘터리 영화 〈몬도비노Mondovino〉(2004)는 미국 자본이 전 세계에서 동일한 와인을 생산하기 위해 '수동적 잔여물'인 유럽 귀족층과 어떻게 보조를 맞추는지를 보여 준다. 이 과정에 반감을 품는 대중들도 많다. 공산주의자들과 반세계화주의자들은 품질, 전통, 영토라는 용어를 사용하면서 미국화에 반발한다. 존슨의 말처럼, "잔여는 낡고 죽어 가는 것이 아니다. 오래된 요소들이 현대 헤게모니나 사회적 저항 운동 속에서 작동하는 방식이라고 보는 편이 옳다"(2004: 122). 따라서 잔여물은 현재적 가치를 갖고 있을 뿐만 아니라, 미래지향적인 것일 수도 있다.

미국주의 하 '기생계급'의 운명

미국주의와 포드주의는 그람시의 헤게모니 이론에서 애매한 위상을 갖는다. 생산 방식의 현대화와 계급사회의 변화를 내세우지만, 경제적 착취를 심화시킴으로써 자본주의의 힘을 강화시키고 노동자를 더 종속적인 위치로 자리매김할 위험도 가지고 있기 때문이다. 공적 영역과 사생활의 모든 층위에 침투하고 대중들에게 미묘한 '도덕적 강요'를 하면서 쾌락을 생산해 낸 미국주의와 포드주의는 20세기의 특징이 무엇인지를 생각해 보게 한다. 이 문제들은 조금씩 변형을 거치면서 21세기에도 계속 살아남아 영향을 끼치고 있다.

그람시 이후

Antonio Gramsci

서론

이 책은 물론 '그람시 이후'에 나왔다. 그람시가 분석한 세계는 이제 너무나 많이 달라졌고, 우리는 그의 글들을 그리고 그의 논의와 우리 시대와의 관련성을 다시 평가하게 되었다. 따라서 이 책의 어떤 부분은 그람시가 미처 예상하지 못한 문제들을 이론화한 다른 사상가들에게 기대야 했다. 특히 '취향'과 새로운 계급 집단의 출현을 탐구한 피에르 부르디외의 논의는 그람시의 헤게모니 이론에 또 다른 차원을 더했다.

게다가 이 책은 그람시에 대한 여러 논평, 반응, 비평이 등장한 이후에 집필되었다. 이른바 '그람시 산업'은 동시에 여러 학문 분야에서 나타났으며 여러 학제들의 요구에 부응하는 다양한 그람시 이론들을 생산하였다. 그람시의 글들이 역사, 지리학, 영화 연구 등 많은 분야들에 적용될 수 있을 만큼의 잠재력이 있었다고 말할 수도 있겠다. 이 책은 특히 문화에 초점을 맞췄다. 그러므로 그람시 이론과 그 적용이 갖는 몇 가지 측면은 여기서 간략하게 언급하는 선에 그쳤다. 가령 철학이나 정당 조직에 대한 그람시의 성찰이 그러하다(Sassoon 1982 참조). 헤게모니 이론이 국제관계에서 생산적으로 활용된 것이나(Gill 1993 참조), 이른바 조절이론regulation theory의 형성 과정에서 그람시의 역할 등도 언급하지 못했다.

이 책에서는 그람시 이론이 적용된 몇몇 분야에 특히 주목하였다. 이를테면 헤게모니 개념이 마르크스주의 내에서 비계급적 적대의 가능성을 열어 놓는 방식이나, 대중문화 연구에서의 그람시 이론 활용 등이다. 앞에서 언급하였듯이 이 주제들은 그람시가 자주 다루었다기보다는 후대 사람들이 그의 저작이 갖는 함축에서 이끌어 낸 것이다. 따라서 이 장에서는 그의 이론을 개괄하면서 네오-그람시적인 전통에 많이 기대었다. 특히 1970년대에 그람시가 문화 연구에 끼친 영향과, 1980~90년대에 출현한 새로운 사회운동에 헤게모니 이론이 어떤 식으로 대응했는지를 살펴볼 것이다.

이 두 적용 사례는 그의 핵심 범주들이 적절한 제한과 조건하에서라면 특정한 역사적 순간 바깥에서도 사용될 수 있다는 것을 분명하게 보여 준다. 그러나 이 방식이 일종의 정통인 것처럼 말하는 태도는 옳지 않다. 그람시 이론을 당시의 시간과 장소로 위치시켜야 한다고 주장하거나, 이와 연결된 주장인, 그람시 본인의 역사주의가 문제라고 보는 시각도 존재하기 때문이다. 이 비판들을 우선 살펴보자.

역사주의

역사주의historicism는 어떤 사상, 산물, 사회집단, 문화 실천의 출현과 해석에서 역사적 맥락이 중요하다고 주장하는 지적 운동이다. 그람시를 역사주의적 시각으로 조명하는 이들 중 대표적인 인물은 리처드 벨라미Richard Bellamy다.

벨라미는 그람시의 저작이 서구 민주주의국가들에서의 이데올로기적 권력에 관한 일반 이론으로 잘못 이해되어 왔다고 주장한다. 1970년대의 유로공산주의 운동 덕분에, 그람시가 산업화된 서구 자유민주주의국가에서 사회주의가 발전할 수 있다고 주장하는 마르크스주의 민주주의자로 재탄생되었다는 것이다. 이 시각에 따르면, 그람시는 사회민주주의와 전체주의적 공산주의 사이의 '제3의 길'을 제시한다. 1945년 나치 독일의 패배 이후에야 이러한 정치적 입장이 등장했으므로 그람시 본인이 이 지점을 정식화하지 않았다는 점은 명백하다. 사회주의의 실패를 극복하려고 한 것은 그가 아니라 그의 저작에 대한 해석이었다. 저개발국들에 수출된 마르크스-레닌주의 이론이 스탈린과 마오쩌둥의 국가 테러로 귀결된 것과 달리, 그람시 이론은 선진 자본주의국가들의 혁명적 변화에 필요한 전략을 모색하게 하는 것처럼 보였다. 이는 "[그람시가] 알지 못했거나 예상하지 못한 사건과 운동들"을 분석하는 일이었다(Bellamy 1994: 10).

하지만 벨라미는 1920년대의 이탈리아가 서구에서 가장 발전하지 못한 국가들 중 하나였으며, 가장 취약한 자유민주주의 체제를 지닌 국가들 중 하나였다고 주장한다. 그는 그람시 이론이 이탈리아의 상대적 후진성을 이해하고, 그 예외성에 알맞은 혁명 전략을 수립하는 방향으로 변화해 갔다고 본다. 리소르지멘토 이후의 이탈리아로 그람시를 돌려보내야만 주변부 자본주의국가 분석이라는 그의 진정한 가치를 발견할 수 있다는 것이다(위의 책: 28). 그람시를 현대 서구 민주주의에 관한 일반 이론을 펼친 이로 오해하게 되면, 역설적으로 "그람시에게서 모든 현재적 의의를 박탈"해 버리게 된다는 것이다(위의 책: 9. 그람시를 혁명적 민주주의의 예언자라고 보는 시각에 대한 비판은 Femia 1993를 참고할 수 있다).

그람시의 이탈리아적 특성을 강조하는 것은 틀린 말이 아니다. 그러나 그람시를 그 시대와 장소에 돌려 놓아야만 비로소 그 '진정한' 의미에 도달할 수 있다는 벨라미의 주장은 의심스럽다. 그 이유 중 하나는 역사와 역사주의를 대하는 그람시 본인의 관점에 있다. 애덤 모튼Adam Morton(1999)이 '엄격한 역사주의'라고 부른 벨라미의 입장과 달리, 그람시는 과거와 현재 그리고 불확실한 미래의 관계를 포괄할 수 있는 유연한 역사주의를 발전시켰다. 우리는 그람시가 상식을 완성되고 변화가 없는 철학이라고 보지 않고, "역사의 모든 과거 단계로부터의 편견"과 "인류가 하나 될 미래의 철학에 대한 직관"을 포함하는 일련의 "단절되고 무질서한" 지층들이라고 묘사한 것을 떠올려야 한다(Gramsci 1971: 324). 이를 탐구하고 그 긍정적인 면을 미래로 향하게 하는 것이야말로 비판의 과제이다. 마찬가지로 그람시에게 마르크스주의는 불변의 교리가 아니라, "새로운 역사 건설을 위한 현재의 활동으로, 과거 역사에 대한 구체적인 연구로" 실현될 수밖에 없는 것이다(위의 책, 427). 모튼은 이 말이 그람시 이후에도 적용될 수 있다고 지적한다. 우리의 문화와 시대가 그람시 이론 속의 "문제 제기, 사유, 문제의식"에 주목하고 있다는 것이다(Morton 1999: 4).

그람시를 역사화하려는 시도와 달리, 그람시가 역사주의적이라며 꼬집는 시각도 있다. 구조주의 마르크스주의자들, 그 중에서도 그리스 출신의 프랑스 정치이론가 니코스 풀란차스 Nicos Poulantzas(1936~1979)는 역사주의를 이렇게 비판한다. 역사주의적 마르크스주의는 지배이데올로기가 통일되어 있다고 가정하는 오류를 범한다. 이데올로기는 지배계급의 '본질'을 만들어 내고 표현하며, 이 본질은 "어떠한 사회구성체social formation에 통일된 모습으로 스며드는 세계관을 통해 역사의 계급적 주체가 된다"는 식이다(Poulantzas 1978:199). 풀란차스는 이 주장이 의식consciousness에 특권적 역할을 부여한다고 본다. 피지배계급의 '능동적 동의'는 헤게모니 계급의 의식이 아니라, 특정한 역사적 순간의 '사회구성체'(종교나 법률 같은 사회적 '영역'들과 경제적 생산력의 특수한 결합)에 의해 확보된다는 것이다. 풀란차스가 보기에, 사상이 사회적·도덕적 통합을 낳는다고 보는 역사주의적 마르크스주의는 궁극적으로 관념론에 가깝다. 지배이데올로기는 그러한 통합의 반영일 따름이며, 따라서 지배 사회집단의 사고방식에 대한 어떤 순수한 표현이 될 수 없다. 무엇보다 '지배이데올로기'는 불평등한 계급관계의 결과물이다. 서발턴 집단이 지배계급의 생각을 일부 받아들이는 이유도, "이 담론〔지배이데올로기〕이 지배계급의 것이 아닌 생활 방식에서 차용한 요소들을 내세우는 경우"가 종종 나타나는 이유도 여기에 있다는 것이다〔위의 글 : 209〕.

역사주의적 마르크스주의에 대한 풀란차스의 비판은 그람시와 동시대 사람인 헝가리의 게오르크 루카치(1885~1971)의 논의와도 관련이 깊다. 이 책에서 주장했듯이, 분명히 그람시의 헤게모니 이론은 지배이데올로기가 강요된다는 주장에 대한 반작용이다. 헤게모니를 이데올로기, 경제, 정치, 법률 등의 다양한 '영역'들로 나누고 일련의 거래와 협상으로 간주하는 그람시의 입장은 이데올로기의 관계적relational 차원을 강조하는 풀란차스와 겹치는 바가 많다. 지배권력이 성공하려면 서발턴들의 문화에 접근해야 한다. 하지만 이 접촉 지역에서 지배권력의 야망과 전략은 영향을 주고받으며 변화한다. 게다가 앞에서 전통적 지식인을 논하며 보았듯이, 그람시가 지배적인 계급과 그 이데올로기의 관계를 단선적인 것이라고 보지 않은 것은 분명한 사실이다. 또한, 그람시는 국가가 일반적으로 지배계급 권력의 직접적인 표현이라고 주장하지도 않았다.

역사주의, 관념론, 행위 주체의 (일관되지 못한) 결합이라는 점에서 그람시 이론은 구조주의 마르크스주의의 비판에 취약한 면이 있다. 그러나 크로체의 관념론을 비판하고 헤게모니 영역들이 서로 맞물려 있다고 지적한 것보다 그람시가 후대에 끼친 더 중대한 영향은, 대중의 의식이 어떻게 재생산되고 변화되는

지에 관한 논의들이다.

그람시가 보기에 사상과 지식인은 일반적으로 특정한 시기의 생산력 상태와 결부되어 있으며, 따라서 '역사적 필연성'을 갖는다. 그러나 로마가톨릭에 대한 그의 빈번한 언급은 사상이 자본주의의 사회경제적 관계에서 자율성을 가질 수 있으며, 여전히 도덕적·지적 힘을 행사할 것이라는 생각을 드러낸다(Bocock 1986: 93). 마찬가지로, 그람시는 지배적인 경제 조건이 부분적으로만 영향을 끼치는 국가적·지역적 사상과 문화에 우선순위를 둔다. 문제는, 이 문화주의culturalism가 실제로 어떤 문제인가 하는 것이다. 그람시는 이 문제가 철학의 곤경이 아니라 정치 행위의 곤경이라고 표현한다. 프롤레타리아가 농민을 헤게모니화하려면, 소외되어 온 문화 형태와 가치를 이해하고 수용해야 한다. 이들 집단의 사고방식이 어떤 '관념론적' 기원을 갖든지 간에, 이렇게 형성된 블록은 계급의식의 본질을 내세우는 개념들과 분명하게 구분된다.

그람시의 글에서 관념론의 증거를 찾기란 어렵지 않다. 그러나 동시에, 살아 있는 사회관계의 '장場'인 헤게모니의 증거도 쉽게 발견할 수 있다. 그람시가 이 갈등 지점을 쉽게 넘기지 않고 극복하고 넘어서려고 노력했다는 사실은, 사람들이 특정 시기에 지역의 인식론적 난제를 해결하는 방법으로 그람시 이론을 채택한 이유를 알려 준다.

문화 연구와 '그람시로의 회귀'

1970년대 초, 문화 연구Cultural Studies는 난제에 부딪혔다. 이 비교적 새로운 연구 분야는 당시에 두 개 유파로 나뉘었다. 유럽의 사상적 조류에 강한 영향을 받은 한쪽에는 문학비평가 롤랑 바르트Roland Barthes(1915~1980), 인류학자 클로드 레비 스트로스Claude Lévi-Strauss(1908~2009), 정신분석학자 자크 라캉Jacques Lacan(1901~1981), 정치철학자 루이 알튀세르Louis Althusser(1918~1990)가 포함되었다. 이들의 사상에는 큰 차이가 있었지만, 이들과 이들을 따른 영국 이론가들은 구조주의 언어학자 페르디낭 드 소쉬르Ferdinand de Saussure(1857~1913)가 남긴 지적 유산을 공유한다고 하여 구조주의자라고 불렸다. 이 이름에서 엿보이듯이 구조주의는 특정한 지역적 형태보다는 현상 이면에 깊숙하게 자리한 구조나 법칙에 관심을 기울인다. 더욱이 구조주의는 구조가 의식을 발생시킨다고 보았으므로 인간 행위 주체를 의심했고, 문화를 사람들의 생각과 행동을 결정하는 '이데올로기적 기계장치'라고 보았다(Bennett 1986b: xii).

또 다른 유파는 문학 연구자 레이먼드 윌리엄스Raymond Williams(1921~1988)와 역사학자 E. P. 톰슨E. P. Thompson(1924~1993)의 영국 문화 분석에서 영감을 얻었다(두 사람 모두 알튀세르처럼 그람시 이론을 원용했다). 이 계열의 문화주의자들은 앞에서 언급한 역사주의의 특징을 일부 드러낸다. 이들은 인간 행위 주체의 중요성을 인정했고, 사람들이 어떤 계급이나 집단으로 '스스로를 구축하는' 수단인 창조적 실천(서사, 이미지, 음악, 대상)을 무엇보다 중시했다. 이쪽 유파 역사가들은 기록물에 기대어 노동계급, 여성, 소수민족, 성소수자 등의 하위집단이 지니는 '진정한' 세계관을 복원해 냈다. 그 결과, 사람들의 문화와 그 문화의 향유자들 사이에 의심스러울 만큼 잘 맞아떨어지는 조응 관계가 나타났다.

토니 베넷Tony Bennett의 말처럼, 두 개 유파는 각각 특정 분야와 특정 연구 대상에 고착되었다. 구조주의는 텍스트 연구에, 문화주의는 역사와 사회학, 그리고 스포츠나 청소년 하위문화 현상 연구에 치중했다. 두 입장에는 큰 차이가 있었지만, 베넷은 이데올로기적 측면에서 둘이 서로를 반영한다고 주장한다. 두 패러다임 모두 "관철되는 정도의 차이는 있어도, 외부에서 가해지는 힘으로서 종속계급에 부과되는, 본질적이고 단일한 부르주아적 특징을 지니는 지배이데올로기"의 존재를 받아들였다(Bennett 1986b: xiiii).

그람시의 헤게모니 개념은 지배와 저항이라는 이 '제로섬' 게임을 새로운 눈으로 바라보게 해 주었다. 베넷, 머서, 울프콧 등은 '그람시로의 전환'이 문화 및 사회에 대한 사유에 일어난 두 가지 큰 진전을 보여 준다고 말한다.

첫째로, 이제 대중문화를 민중적 가치의 진정한 표현이라고 치켜세울 필요도, 지배계급의 이해에 봉사한다고 비난할 필요도 없다. 대신에 문화는 '대중의 경험과 의식을 〔형성하고 구성할〕 공간을 확보하고자 경쟁하는, 지배적이거나 종속적이거나 서로 대립하는 문화적 가치들이 만나고 뒤엉키는 무대'다(Bennett 1986b: xix). 따라서 예전에는 국가 정체성이나 라디오 청취처럼 너무도 당연하게 '지배적'인 것으로 여겨지던 문제들에서도 진보 정치의 영역을 찾아낼 가능성이 존재한다.

둘째로, 계급본질주의에 대한 비판의 강조점이 변화했다. 어떤 계급의 의식은 단순히 부르주아적이거나 프롤레타리아적인 가치만을 담고 있는 것이 아니라 여러 정체성을 포함하는 모자이크에 가깝다. 그람시는 지리적·종교적 정체성을 주로 지적했지만, 당연히 이것들만 비계급적 정체성일 수는 없다. 따라서 그람시의 글은 다른 문화적 투쟁 영역들을 분석하게 만든다. 이 중 가장 중요하게 대두된 것은 인종, 젠더, 섹슈얼리티였다. 물론 "경제적 활동이라는 결정적인 핵"을 강조한 그람시는 이 영역들이 계급이라는 문제에서 완전히 자유로울 수는 없다고 보았다. 그래서 비판적 분석의 과제는 "[이런 현상들이] 서로 다른 역사적 상황에 겹쳐서 나타나는 복잡하고 변화무쌍한 방식들"을 탐구하는 것이다(Bennett 1986b: xvi).

영국의 여러 문화 연구자들이 내놓은 결과물들, 특히 버밍엄 현대문화연구센터Birmingham Centre for Contemporary Cultural Studies; CCCS를 중심으로 진행된 연구들은 이 전환의 결과를 잘 보여준다. 우리는 앞서 헵디지의 《하위문화: 스타일의 의미Subculture: the Meaning of Style》(1979), 홀과 제퍼슨의 《의례를 통한 저항Resistance through Rituals》(1976), 홀 외 4인의 《위기관리Policing the Crisis》(1978), 그람시 이론 적용을 간접적으로 적용한 윌리스의

《노동 학습》(1977) 등의 주요 연구들을 살펴보았다. 여기에 현대 문화 연구에 그람시 사상을 적용하고 전파한 대표적인 인물인 스튜어트 홀의 두 가지 작업을 추가할 수 있다.

첫 번째는 시청자들이 어떻게, 어느 정도까지 지배계급의 생각에 동의하게 되는지를 문화기술적ethnographic인 방식으로 이해하려고 한 텔레비전 연구다. 이 분야에 큰 영향을 준 스튜어트 홀의 〈코드화/탈코드화Encoding/Decoding〉(1973)는 텔레비전이 (전국의) 대중들에게 송출되기는 하지만 그 시청자들은 동질적이지 않다고 주장한다. '지배적'인 이데올로기의 형태 및 의미와 각기 다른 관계를 맺는 사회집단들의 혼성물이라는 것이다. 따라서 프로그램 제작자들이 제작하고 내보낸(코드화한) 이데올로기적인 '메시지'는 시청자들에게 도달하는(탈코드화한) 것과 동일하지 않다. 사람들의 사회적 상황과 문화적 가치는 지배적인 의미와 적어도 약간은 어긋날 가능성이 있기 때문이다. 홀은 세 가지 반응이 나타난다고 가정한다. 더 '선호되는'(지배적인) 독해 방식, '정반대의' 독해 방식, '협상 중인' 위치 등이다. 존 피스크John Fiske(1992: 126)에 따르면 논리적으로 볼 때 이 중 가장 흔한 반응은 세 번째 '협상'일 수밖에 없다. 텔레비전 같은 매체가 대중성을 얻으려면, "여러 사회집단이 지배이데올로기와의 관계에서 의미 있는 접합articulation을 발견하는 협상 과정이 충분히 개방적이어야" 한다는 이유다. 이 관점은 헤게모니가 협상의 과정이라고 보는 그람시의 생각과 일치한다.

두 번째로 생각해 볼 홀의 연구는 위기 국면을 관리하는 정치문화에 대한 분석이다. 앞서 7장에서 1960년대 영국의 '위기'가 70년대 국가의 강압적 조치 증가로 이어졌다는 사실을 언급한 바 있다. 권위주의화는 마거릿 대처가 보수당을 이끌었던 1975년에서 1990년 사이에 절정에 달했다. 홀은 (단순히 대처 한 사람에게로 환원될 수 없는 기획인) '대처리즘'이 폭넓은 대중과의 접촉면을 지닌 새로운 국민-대중 담론 구축에 성공했다는 것을 조심스럽게 인정한다. 대처리즘은 또 다른 수동혁명이었다. 권력과 부의 재분배가 거의 없었지만(사실은 그 정반대였다), 대처리즘은 '국민'을 자극하고 참여시키는 포퓰리즘적인 언어를 구사하려는 전례 없는 노력을 기울였다. 국민은 복지국가의 고객이 아니라 (잠재적) 자산가, 주주, 기업가, 소비자였다. 보수주의의 옛 의제와 새로운 의제가 포퓰리즘 속에서 합쳐졌다. 국가, 의무, 권위에 대한 전통적인 호소는 홀이 권위주의적 포퓰리즘이라고 이름 붙인 형태로 "되살아난 신자유주의—이기주의, 경쟁적 개인주의—의 공격적인 주장"과 결합되었다. 홀은 대처리즘을 '퇴행적 근대화'의 일종이라고 불렀다. 대영제국, 빅토리아 시대, 제2차 세계대전으로 거슬러 올라가는 기준점이 있었다는 점에서 퇴행적이며, 국가와 글로벌 자본주의를 재구축하고 강화하는 역할을 했으니 근대화에 속한다.

대처리즘이 영국의 정치 및 문화 생활에서 (불평등하고 모순적이며 부분적이라 하더라도) 근본적인 변형을 낳았다는 홀의 주장은, 1970년 말에 대두한 주장들이 1997년 노동당의 압승 이후 사라지기는커녕 새로운 변이를 보여 주었다는 사실로 입증된다. 좌파 저널 《사운딩스Soundings》에 실린 '블레어주의Blairism'에 대한 네오-그람시적 분석들이 주장하듯이, 복지사회 민주주의라는 상식은 정치적 '현대화론자'들에 의해 계속 설 자리를 잃어 갔다. 이민과 테러리즘에 관한 권위주의적인 이데올로기는 우리 시대에도 지속되고 있다. 이 분석들은 헤게모니 블록의 변화하면서도 지속적인 특질을 인정한다는 점에서 비관적이지만, 대항 헤게모니의 변화 능력을 옹호한다는 점에서 낙관적이기도 하다. 다음 절에서는 그 철학적 기초를 논의해 본다.

새로운 시대, 새로운 사회운동

1978년에 처음으로 '대처리즘'이라는 말을 사용했던 《마르크시즘 투데이Marxism Today》는 1988년, '뉴 타임즈New Times'라는 표어를 내걸고 지난 10년 동안 일어난 문화적·정치적 변화를 규정하려고 했다. 대처리즘의 성공, 소비에트 블록의 해체, 노동과 노동자계급의 변화, 그리고 IT와 레저, 미디어에서 주요한 문화적 테마로 등장한 정체성 정치와 소비주의 등을 포괄하는 당대의 다양한 면모를 포착하려 한 것이다(McRobbie 1991: 2). 뉴 타임즈 담론은 주로 좌파에게 이 현상들이 어떤 의미인지를 다루고, 영국과 미국에서 신보수주의의 성공이 좌파의 상상과 조직화 실패를 이용했다고 주장했다.

존 클라크John Clarke(1991)의 말을 빌리자면, 새로운 우파 이데올로기의 두 가지 요소, 즉 반反국가주의(더 정확히 말하자면 반反복지주의)와 '선택choice'의 강조는 좌파가 실패한 지점을 정확하게 드러낸다. 전통적으로 좌파는 사회민주주의국가의 관료주의, 중앙집권주의, 기득권적 이득에 대해 반대해 왔지만, 우파는 이를 모방하고 변형하여 대중적인 것으로 만들었다. 클라크는 뉴 타임즈 담론이 선택·차이·반국가주의가 진보 정치의 중심이 될 수 있다는 것을 보여 주어 이를 다시 '양식good sense'으로 전유하려 한 시도였다고 평가했다. 이 담론에서 변화의 핵심은 과거와의 근본적인 단절이었다. 노동계급, 그리고 이를 대표하는 노조와 사회민주주의 정당과 사회주의 정당은 더 이상 진보의 유일한 동력이 아니었다. "계급의 구성 변화는, 다시 말해 다양한 정치적 목표를 지닌 새로운 사회 주체들의 출현은 대항헤게모니 정치의 기초를 재사유하게 한다. 여기서 계급은 기껏해야 여러 정체성 중 하나다"(Clarke 1991: 159).

이런 맥락에서 그람시 이론의 '재사유'를 시도한 것이 에르네스토 라클라우와 샹탈 무페의 《헤게모니와 사회주의 전략Hegemony and Socialist Strategy》(1986)이다. 이들은 '포스트-마르크스주의자'임을 선언하면서, 노동자계급이 모든 사람을 해방시킬 '보편적인' 계급이라는 구시대적 믿음의 결과로 좌파가 위기에 빠졌다고 진단했다. 라클라우와 무페에게 그람시의 헤게모니 이론은 접합articulation이 포함된 정치, 이들의 표현에 의하면 '사회적인 것의 논리logic of the social'를 그 원리로 삼고 있기 때문에 본질적으로 진보적이다. 이 원리에 기반하여 서로 상이한 주체 위치들과 사회집단들은 특정한 역사적 국면에 역사적 블록으로 함께 결합할 것이다. 현대사회에서는 페미니즘, 소수민족과 성소수자의 권리운동, 반전운동, 환경운동과 같은 여러 집단과 정체성들의 확산이 일어났다. 어떤 좌파 정치도 이들의 투쟁을 무시하지 못하지만, 이 투쟁들이 좌파와 분리될 수도 없다. 따라서 "지역사회 운동, 생태학적 투쟁, 성소수자 운동의 정치적 의미"는 그 개별 운동에만 해당하는 것이 아니다. 오히려, "다른 투쟁과 요구들과의 헤게모니적 접합이 그 운동의 성패에 결정적인 역할을 한다"(Laclau and Mouffe 1985: 87).

라클라우와 무페가 그람시 이론을 원용하는 방식은 현대 민주주의에서 헤게모니가 어떻게 작동하는지를 더 잘 이해하게 한다. 앞서 여러 번 강조했듯이, 확장된 헤게모니는 여러 사회집단에게 확대되어야 하며, 라클라우와 무페도 당연히 이항대립적 적대antagonism로만 정치를 규정하는 분리주의나 천년왕국설에 비판적이다. 이들은 새로운 사회운동이 본질적으로 진보적이라고 생각하지 않는다. 그람시의 상식과 양식 개념을 발전시키면서, "새로운 사회운동은 다양한 형태로 존재하며, 이 형태들은 진보적이거나 반동적인 목표를 두고 벌어지는 헤게모니 투쟁으로 형성된다"고 주장한다. 이들에 따르면 새로 부상하는 어떤 운동도 "지배질서에서 완전히 급진적으로 떨어져 있거나, 완전한 변화를 위한 출발점을 보장하지 못한다"(위의 책: 169). 두 사람은 마르크스주의가 정당과 국가에 지나치게 중요한 역할을 부여함으로써 정치에 대한 상상력을 크게 제한했다고 보기도 한다. 이를테면 페미니즘적인 실천들이 "정당이나 국가를 경유하지 않고, 남성성과 여성성의 관계를 변화시킨다"는 언급이 그러하다(위의 책: 153).

라클라우와 무페는 헤게모니 이론을 받아들이면서도 두 가지 지점에서 그람시와 결정적으로 결별한다. 하나는, 정치 구성체 내에 하나의 헤게모니적 중심만 있을 수는 없다는 주장이며, 둘째는 개인이나 집단의 정치적 이익이 접합 과정을 통해 충분히 확보된다는 주장이다. 그람시 이론이 이 두 번째 주장을 어느 정도 뒷받침하기는 하지만, 라클라우와 무페는 새로운 상식이 구성될 수 있다는 그람시의 개념을 개인이나 집단의 사회적 위치가 어디에도 고정되지 않는다고 보는 정도까지 부풀려서 이해한다.

이에 대해 테리 이글턴Terry Eagleton(1991)은 이들의 논리에 따르면 남성이 페미니스트 투쟁을 이끌고 자본가가 사회주의 투쟁에 나서도 아무런 논리적 모순이 생기지 않는다는 통렬한 비판을 가했다. 의심할 여지 없이 페미니즘에서 가장 이득을 보는 측은 여성들이며, 사회주의에서는 노동계급이다. 이글턴은 "이러한 의미에서, 물론 불가피하거나 그렇게 정해져 있다든가 신이 내린 것이라고 주장하는 것은 아니지만, 특정한 사회적 위치와 특정한 정치적 형태 사이의 관계는 '필연적'"이라고 지적한다(Eagleton 1991: 218). 반대로 라클라우와 무페가 말하는 정치적 참여는 그람시가 경고했던 주의주의主意主義voluntarist적인 경향과 유사해진다. 정치가 그저 선택의 문제인 것처럼 여겨질 수 있다는 것이다.

라클라우와 무페가 블록 내의 지도 집단 개념을 거부한 것도 의문스럽다. 이들은 대항 헤게모니 정치에만 관심을 기울이면서 '지배' 집단의 헤게모니 전략은 형식적으로만 언급한다. 그러나 그들이 책을 집필하던 바로 그 당시에 대처리즘과 같은 급진적인 우파 프로젝트들이 좌파를 형해화하고 그 과정에 일부 '서발턴' 집단들을 접합시키고 있었다는 점을 염두에 두면, 헤게모니 개념을 이렇게 이용하는 것은 이상한 일이다. 지배집단은 헤게모니 게임을 하고, 종속집단은 다른 게임을 한다는 식이다!

실제로 라클라우와 무페의 헤게모니 규정은 기묘하게 그람시와 어긋난다. 한 집단이 다른 집단들에게 도덕적·지적 리더십을 발휘하는 방법을 구상하는 것이 아니라 헤게모니를 '연합federation'과 같은 말로 취급하기 때문이다. 헤게모니가 분석이나 전략의 도구라기보다는 이상적인 상황의 표현처럼 쓰이는 이유는 누가 투쟁의 리더십을 내세울 것인지, 혹은 어떤 사안이 '결정적인 핵심'을 형성할 것인지를 알기 어렵기 때문일 것이다.

존 클라크(1991)는 포스트-마르크스주의 일반을 가리켜, 문제 회피가 두드러지는 유토피아주의라고 비판한다. 특히 헤게모니는 시민사회와 국가라는 실제 영역에서 진행되는 과정이라기보다는 이데올로기적인(라클라우와 무페에게는 '상징적'인) 갈등 문제로 축소된다. 클라크가 보기에, 진보 세력의 자유로운 연합이라는 이상주의적 관념은 지배 블록이 반대가 일어날 수 있는 조건을 재편성하면 제대로 실현되지 못한다. 사회적 이익을 통제하거나 교육 기회를 제한하거나 노동조합 가입을 제한하는 등의 전략이 그런 예다.

로버트 보콕Robert Bocock(1986)도 비슷한 비판을 내놓았다. 라클라우와 무페는 경제 문제를 여러 문제 중 하나라고 묵살해 버린다. 자본주의 생산체제가 성공을 거둬 온 이유 중 하나는, 이 체제가 전 세계 사회생활의 모든 영역에 미치는 광범위한 조직 원리를 제공하기 때문이다. 그러므로 "사회주의는 급진적 민주주의 기획의 구성 요소 중 하나일 뿐이며, 그 역은 성립하지 않는다"(1985: 16)는 라클라우와 무페의 주장은 그들의 생각과 달리 그리 분명한 것이 아니다.

라클라우와 무페는 포스트-마르크스주의자이기도 하지만, 그들의 진정한 멘토라고 할 수 있는 미셸 푸코Michel Foucault(1926~1984)와 함께 탈구조주의자라고도 할 수 있다. 여기서 탈구조주의자란 '보편적인' 진리, 권력이 모든 사람에게 균일하게 부과된다는 관념, 실증주의적 기획을 '총체화'할 수 있다는 믿음 등에 회의를 품는 이들을 가리킨다. 이 책에서 계속 검토했듯이, 그러한 생각은 《옥중수고》에서 쉽게 발견할 수 있다. 그렇다면 문제는 그람시의 이론이 포스트-마르크스주의나 탈구조주의와, 그리고 이들의 포스트-모더니즘이나 포스트-포드주의에 대한 인식과 어느 정도까지 합치하느냐에 있을 것이다.

어떤 이들은 이 사상적 조류와 그람시를 연결시키려 한다. 마르시아 랜디Marcia Landy(1994)는 그람시 이론과 안토니오 네그리

Antonio Negri(1933~)의 주장이 매우 밀접한 관계가 있다고 주장했다. 네그리는 공저자인 마이클 하트와 함께 포스트-포드주의의 핵심 이론가 중 하나다. 르네이트 홀럽(1992)은 더 나아가 그람시 이론이 '마르크스주의와 포스트모더니즘을 넘는' 화해의 지점을 마련한다고 주장했다.[1] 그람시적 마르크스주의(그람시 이론 자체는 아니더라도)가, "이데올로기란 계속 형성과 재형성을 거치는 과정 속에 있으므로 계급은 여전히 존재하지만 계급투쟁의 역학은 보장되어 있지 않고, '계급 소속'은 존재하지 않으며, 누구도 이데올로기를 '소유'할 수는 없다"고 보는 '포스트' 담론들과 개념적 기반을 공유한다는 주장은 쉽게 납득할 수 있다(Hebdige 1988: 206). 그러나 딕 헵디지의 말처럼, 마르크스주의는 '포스트' 담론들 속에 용해되지 않는다. 그람시 특유의 사회주의 형태는 모든 투쟁이 평등한 상대주의적 형태가 아니다. 또한 노동자들이 단결하여 착취와 억압의 조직적이고 지속적이며 세계적인 체제, 즉 자본주의에 대항하고자 변화를 향하여 지속적으로 투쟁한다는 생각과 분리될 수 없다.

이 말은 마르크스주의의 변화를 부정하자는 것이 아니다. 당대의 조류에 민감한 '세속적 지혜의 학자'가 되려면 사회주의자는 그 시대의 우연적이거나 국면적인 특징에 주의를 기울여야 한다는 그람시의 말은 그가 마르크스 이론에 공헌한 바를 정확

[1] 르네이트 홀럽, 《그람시의 여백: 맑스주의와 포스트모더니즘을 넘어》, 정철수 등 옮김, 이후, 2000.

하게 표현해 준다. 그람시의 지적 비관주의와 낙관주의의 관계를 검토한 헵디지는 그 종말을 이야기하는 많은 예측들에도 불구하고 민주주의적 마르크스주의가 살아남았다고 주장한다. 이 책의 결론으로 삼기에 적절한 그람시적 해석이다.

> 마르크스주의는 계속된 폭풍우 속에서 수면 아래로 가라앉은 것처럼 보인다. 그러나 마르크스주의는 살아남았고, 처음에는 비틀거릴지라도 더 가벼운 발걸음으로 돌아올 것이며, 더 경청하고 배우고 적응하고 올바르게 인식하는 마르크스주의일 것이다. '비상사태'와 '투쟁'과 같은 말들은 투쟁, 갈등, 전쟁, 죽음만을 의미하는 것이 아니다. 탄생, 새로운 삶이 나타나리라는 전망, 빛을 향한 투쟁을 뜻하기도 한다(Hebdige 1988: 207).

그람시의 모든 것

Antonio Gramsci

영어권의 그람시 연구

우선 언급해야 할 책은 당연히 《옥중수고Quaderni del carcere(The Prison Notebooks)》이다. 그러나 이 책의 편집과 번역에 대해 문제를 제기하는 사람들도 있다. 페리 앤더슨Perry Anderson은 이 책이 "두 번 검열된 책"이라면서, 여기에 나타나는 "공백, 생략, 모순, 무질서, 암시, 반복은 다른 곳에서 찾아보기 어려운 고난 속에서 탄생한 결과이므로, 그람시 저술을 부분적으로 모은 편집에 기초해 '편안하고 안일한 독해'를 하는 것은 위험하다"고 경고한다(Anderson 1976: 6). 《옥중수고》의 완전한 편집본 출간은 아주 더디게 진행되었다. 1948년에서 1951년 사이에 토리노의 출판사 에이나우디Einaudi가 최초의 이탈리아 판본을 6권으로 출판하였다. 편집자인 펠리체 플라토네Felice Platone는 그람시가 교도소에서 쓴 방대한 글들을 몇 가지 주제로 나누어 정리했다.

그람시의 육필 원고를 보충한 에이나우디 출판사 판본의 대표적인 영역본은 퀸틴 호어Quintin Hoare와 제프리 노웰 스미스Geoffrey Nowell-Smith(1971)가 편집하고 번역한 《옥중수고 선집Selections from the Prison Notebooks》(1971)이다. 우리 책은 주로 이 선집의 번역을 따랐고, 흥미로운 에세이가 많이 실려 있는 로렌스 앤 위샤트 출판사의 편집본도 활용했다. 《선집》은 '일렉트로닉 북 클래식ElecBook'에서 제공하는 CD-ROM으로도 읽을 수 있다.

더 깊이 있게 접근하려는 이들은 안토니오 칼라리Antonio Callari가 번역하고 조셉 A. 부티지지Joseph A. Buttigieg가 편집한 《옥중수고Prison Notebooks》 완전판을 참고하면 좋다. 컬럼비아대학 출판부에서 나온

이 책은 1975년 발렌티노 제라타나Valentino Gerratana가 편집하고 에이나우디에서 다시 출판한 최초의 이탈리아판 《옥중수고》에 바탕을 두고 있다. 29개의 원본 수첩 중에서 1, 2가 담긴 제1권은 1992년에 나왔고, 1996년에는 3, 4, 5가 담긴 제2권이 출간됐다. 3권은 2006년에 출판 예정이다〔2007년 출간〕.

그람시의 글은 《옥중수고》가 전부가 아니다. 그는 계속 글을 써 온 정치 저널리스트이자 예술 평론가였으며, 편지도 많이 남겼다. 케임브리지대학 출판부에서 1994년에 출판된 《옥중수고 이전Pre-Prison Writings》은 버지니아 콕스Virginia Cox가 번역하고 리처드 벨라미Richard Bellamy가 편집했다. 도전적이고 흥미로운 편집자 서문에서, 벨라미는 우리가 《옥중수고》에만 집중하면 정치운동가이자 불균등 발전의 이론가인 그람시의 면모를 놓치게 된다고 말한다.

투옥 환경뿐 아니라 정신분석과 재즈 등에 대한 그람시의 생각을 엿보게 하는 《감옥에서 보낸 편지Letters from Prison》 선집은 린 로너Lynne Lawner의 편집으로 1973년에 하퍼 앤 로 출판사에서 나왔다. 로너는 그람시의 생애와 사상의 기본 맥락을 정리한 유용한 서문을 썼다. 완전판에 가까운 두 권으로 된 《편지》는 레이먼드 로젠탈Raymond Rosenthal의 번역과 프랭크 로젠가튼Frank Rosengarten의 편집으로 1994년에 컬럼비아대학 출판부에서 나왔다.

로렌스 앤 위샤트에서는 1985년 데이비드 포각스와 제프리 노웰 스미스가 편집한 그람시의 《Cultural Writings》 선집도 출판되었다. 피란델로의 희곡과 단테의 《신곡》 분석 등이 포함된 연극 및 문학비평, 저널리즘에 대한 에세이, '브레시아니 신부의 자손'이라는 제목으로 묶인

가톨릭과 파시스트 문화 생산에 관한 비판적 분석과 함께 대중문학, 민속, '국민-대중', 문화적 미국화와 같은 핵심 개념들에 관한 글들도 여기에 담겨 있다. 포각스는 1988년 뉴욕의 쇼켄 북스에서 출판되고 1999년 로렌스 앤 위샤트에서 영국판으로 나온 《The Antonio Gramsci Reader》의 편집자이기도 하다. 1916년에서 1935년까지를 포괄하는 이 책은 그람시를 접하려는 독자들의 첫 번째 기항지로 적합하다.

전기적 사실

그람시의 전기적 사실들은 일화들을 많이 다루고 이해하기 쉽게 쓴 주세페 피오리Giuseppe Fiori의 《Antonio Gramsci: Life of a Revolutionary》를 주로 참고하였다. 1965년에 이탈리아에서 출판된 후 1970년 톰 네언Tom Nairn의 번역으로 뉴레프트북스에서 나온 책이다. 1977년 멀린 출판사에서 출간한 알라스테어 데이비드슨Alastair Davidson의 《Antonio Gramsci: Towards an Intellectual Biography》도 참고할 만하다.

그람시 입문서

그람시 입문서들은 많다. 나온 지 한참이고 문화보다 정치에 집중하기는 하지만, 제임스 졸James Joll의 《Gramsci》(Fontana, 1977)와 로저 사이먼Roger Simon의 《Gramsci's Political Thought: An Introduction》(Lawrence

& Wishart, 1982)를 추천한다. 사이먼의 책 이후 판본에는 스튜어트 홀의 뛰어난 글이 실려 있으며, 책 전체가 앞에서 언급한 CD-ROM에 들어가 있다. 더 도전적이면서 읽어 볼 만한 입문서로는 폴 랜섬Paul Ransome의 《Antonio Gramsci: A New Introduction》(Harvester Wheatsheaf, 1992)가 있다. 역시 정치문제를 우선시하기는 하지만, 초심자에게 적합한 깔끔한 구조의 글쓰기를 보여 준다. 서문에서는 그람시 연구의 다양한 양상들을 제시하고, 사회정치적 사유가 그람시의 중심을 이룬다고 주장한다.

그람시 연구서

그람시에 대한 일반 연구서로는 로버트 보콕Robert Bocock의 짧은 책 《Hegemony》(Tavistock Press, 1986)가 있다. 주제를 선명하게 요약적으로 제시하는 이 책은 마르크스주의적 전통에 확실한 뿌리를 두고 있으며, 라클라우와 무페의 책(1985)이 어떤 내용인지를 파악하는 데에도 유용하다. 샹탈 무페가 편집한 《Gramsci and Marxist Theory》(1979)는 무페의 이론에 다가서는 좋은 길잡이이기도 하며, 2장에서 참고한 노베르토 보비오의 〈Gramsci and the Conception of Civil Society〉와 자크 텍시에르의 〈Gramsci, Theoretician of the Superstructures〉도 이 책에 실려 있다. 학술적 연구를 위해서는 제임스 마틴James Martin이 편집하고 루틀리지 출판사에서 2002년에 출간한, 80여 편의 고전적인 그람시 연구들이 실려 있는 《Antonio Gramsci: Critical Assessments of Leading

Political Philosophers》를 참고하면 좋다.

텍스트 연구에 그람시를 적용한 사례로는 피터 흄Peter Humm, 폴 스티강Paul Stigant, 피터 위도우슨Peter Widdowson이 편집한 《Popular Fictions》(1986)을 들 수 있다. 《Female Spectators》(ed. E. Deirdre Pribram, Verso, 1988)에 실려 있는 크리스틴 글레드힐Christine Gledhill의 에세이 〈Pleasurable Negotiations〉은 TV 드라마 분석과 그람시 이론의 페미니즘적 적용이라는 두 가지 측면에서 유용하다. 일관된 텍스트적 접근을 보여 주는 책으로는 마르시아 랜디Marcia Landy의 《Film, Politics and Gramsci》(University of Minnesota Press, 1994)가 있다. 여기에는 그람시를 다양한 국민영화에 적용하려는 생산적인 시도들과 함께, 그람시와 안토니오 네그리 이론의 관계를 보여 주는 유용한 글도 수록되어 있다.

그람시와 포스트모더니즘의 관계에 대한 논의는 레나타 홀룹Renata Holub의 《Antonio Gramsci: Beyond Marxism and Postmodernism》(Routledge, 1992)에 잘 나타나 있다. 그러나, 앞 장에서 다룬 에르네스토 라클라우와 샹탈 무페의 《Hegemony and Socialist Strategy》(Verso, 1985)가 더 나은 출발점일 것이다. 이 책은 근래 들어 가장 중요한 헤게모니 이론의 수정 시도였다.

문화 연구에서의 그람시 이론 적용은 토니 베넷Tony Bennett, 콜린 머서Colin Mercer, 자넷 울라콧Janet Woollacott의 《Popular Culture and Social Relations》(Open University Press, 1986)를 참고할 수 있다. '그람시로의 전회' 순간을 포착한 이 책에는 대중문화에 대한 흥미로운 해석을 보여 주는 글들이 실려 있다. 데이비드 몰리David Morley와 천광싱Kuan-Hsing Chen이 편집한 《Stuart Hall: Cultural Studies in Cultural Studies》에

는 스튜어트 홀이 《New Times》에 기고한 글들과 〈Gramsci's Relevance for the Study of Race and Ethnicity〉처럼 중요한 그의 에세이가 수록됐다. 데이비드 해리스David Harris의 《From Class Struggle to the Politics of Pleasure: the Effects of Gramscianism on Cultural Studies》(Routledge, 1992)에서는 그람시 이론에 대한 회의론을 엿볼 수 있다.

인터넷 자료

안토니오 그람시에 관한 인터넷 자료는 매우 많다. 검색 엔진에 '그람시'만 입력해도 쉽게 찾을 수 있다. 인터넷을 뒤져 보면 그람시의 논의를 왜곡하거나 오용하는 경우가 많다. 마커스 그린Marcus Green(2000)에 따르면, 우파 웹사이트에는 그람시가 무덤 아래에서 미국에서의 '문화 전쟁'을 도모하는 마키아벨리적인 인물이라는 식의 기술이 아무렇지 않게 등장한다! 다음 사이트들은 그람시 이론, 전기적 사실, 관련 자료에 대한 더 진지한 접근을 보여 준다.

http://www.italnet.nd.edu/gramsci/
국제그람시학회International Gramsci Society의 웹사이트인 이곳에서는 전기적·연대기적 정보와 사진, 다큐, 《International Gramsci Society Newsletter》, 에세이와 링크 등의 많은 자료들을 접할 수 있다. 그람시에 관한 가장 포괄적인 정보가 담긴 웹사이트이다.

http://www.victoryiscertain.com/gramsci/
그람시의 글들만이 아니라 앞서 말한 우파적 시각의 논의와 종교적 입장의 주장들까지 온갖 종류의 자료를 찾아볼 수 있다.

http://www.gramsci.it/
그람시 연구 재단Fondazione Istituto Gramsci의 웹사이트. 그람시에 대한 가장 포괄적인 정보가 담긴 《그람시 서지학Bibliografia Gramsciana》은 30개국 이상의 언어로 번역되어 있다. 주요 서지는 1988년까지 거슬러 올라가며, 후속 출판물들도 포함되어 있다. 영어 번역 사이트는 http://www.soc.qc.edu/gramsci/index.html

참고문헌

Anderson, P. (1976) 'The Antinomies of Antonio Gramsci', *New Left Review*, 100.

Barker, M. (1992) 'Policing the Crisis' in M. Barker and A. Beezer (eds) *Reading into Cultural Studies*, London: Routledge.

BBC (2004a) http://www.bbc.co.uk/northamptonshire/features/2004/ st_georges_day. Accessed 24 April 2004.

_________ (2004b) http://www.bbc.co.uk/london/yourlondon/stgeorges/ Accessed 24 April 2004.

Bellamy, R. (1987) *Modern Italian Social Theory: Ideology and Politics from Pareto to the Present*, Cambridge: Polity.

_________ (1994) 'Introduction' in A. Gramsci, *Antonio Gramsci: Pre-Prison Writings*, Cambridge: Cambridge University Press.

Bennett, T. (1986a) 'Hegemony, Ideology, Pleasure: Blackpool', in T. Bennett, C. Mercer and J. Woollacott (eds) *Popular Culture and Social Relations*, Buckingham: Open University Press.

_________ (1986b) 'Popular Culture and the Turn to Gramsci' in T. Bennett, C. Mercer and J. Woollacott (eds) *Popular Culture and Social Relations*, Buckingham: Open University Press.

Bennett, T. and Woollacott, J. (1987) *Bond and Beyond: The Political Career of a Popular Hero*, Basingstoke: Macmillan.

Bobbio, N. (1979) 'Gramsci and the Conception of Civil Society' in C. Mouffe (ed.) *Gramsci and Marxist Theory*, London: Routledge.

Bocock, R. (1986) *Hegemony*, London: Tavistock.

Bourdieu, P. (1984) *Distinction: A Social Critique of the Judgement of Taste*, London: Routledge.

________ (1997) 'The Economy of Practices' in K. Woodward (ed.) *Identity and Difference*, London: SAGE.

Buchanan, P. (2000) 'Note Sulla "Escuola Italiana": Using Gramsci in the Current International Moment', *Contemporary Politics*, 6, 2.

Buci-Glucksmann, C. (1982) 'Hegemony and Consent' in A. Showstack Sassoon (ed.) *Approaches to Gramsci*, London: Writers and Readers.

Chambers, I. (2000) 'Gramsci Goes to Hollywood' in J. Hollows, P. Hutchings and M. Jancovich (eds) *The Film Studies Reader*, London: Arnold.

Chaney, D. (2002) *Cultural Change and Everyday Life*, Basingstoke: Palgrave.

Clarke, J. (1991) *New Times and Old Enemies: Essays on Cultural Studies and America*, London: HarperCollins.

Cohen, P. (1980) 'Subcultural Conflict and Working-Class Community', in S. Hall, D. Hobson, A. Lowe and P. Willis (eds) *Culture, Media, Language: Working Papers in Cultural Studies, 1972–79*, London: Hutchinson.

Currell, S. (2006) 'Depression and Recovery: Self-help and America in the Great Depression', in D. Bell and J. Hollows (eds) *Historicizing Lifestyles*, Aldershot: Ashgate.

Davidson, A. (1977) *Antonio Gramsci: Towards an Intellectual Biography*, London: Merlin Press.

Deal, T. and Kennedy, A. (1982) *Corporate Cultures*, Harmondsworth: Penguin.

Douglas, M. (1966) *Purity and Danger: an Analysis of Concepts of Pollution and Taboo*, London: Routledge.

Downey, J. and Fenton, N. (2003) 'New Media, Counter Publicity and the Public Sphere', *New Media and Society*, 5, 2.

du Gay, P. (1991) 'Enterprise Culture and the Ideology of Excellence', *New Formations*, 13.

________ (1997) 'Organizing Identity: Making up People at Work' in P. du Gay (ed.) *Production of Culture/Cultures of Production*, London: SAGE.

du Gay, P., Hall, S., Janes, L., Mackay, H. and Negus, K. (1997) *Doing Cultural Studies: the Story of the Sony Walkman*, London: SAGE.

Eagleton, T. (1991) *Ideology: An Introduction*, London: Verso.

Femia, J. (1993) *Marxism and Democracy*, Oxford: Clarendon Press.

Fiori, G. (1970) *Antonio Gramsci, Life of a Revolutionary*, tr. T. Nairn, London: New Left Books.

Fiske, J. (1992) 'British Cultural Studies and Television' in R. Allen (ed.) *Channels of Discourse*, London: Routledge.

Forgacs, D. (1993) 'National-Popular: Genealogy of a Concept' in S. During (ed.) *The Cultural Studies Reader*, London: Routledge.

Germino, D. (1990) *Antonio Gramsci: Architect of a New Politics*, Baton Rouge: Louisiana State University Press.

Gill, S. (ed.) (1993) *Gramsci, Historical Materialism and International Relations*, Cambridge: Cambridge University Press.

Gilroy, P. (1987) *There Ain't No Black in the Union Jack*, London: Unwin Hyman.

Gledhill, C. (1988) 'Pleasurable Negotiations' in E. Pribram (ed.) *Female Spectators*, London: Verso.

Gramsci, A. (1971) *Selections from the Prison Notebooks*, London: Lawrence & Wishart.

________ (1979) *Letters from Prison by Antonio Gramsci*, London: Quartet.

________ (1985) *Selections from the Cultural Writings*, London: Lawrence & Wishart.

________ (1994) *Antonio Gramsci: Pre-Prison Writings*, Cambridge: Cambridge University Press.

________ (1995) *Further Selections from the Prison Notebooks*, Minneapolis:

University of Minnesota Press.

Gray, A. (2003) 'Enterprising Femininity: New Modes of Work and Subjectivity', *European Journal of Cultural Studies*, 6, 4.

Green, M. (2000) 'Gramsci on the World Wide Web: Intellectuals and Bizarre Interpretations of Gramsci', *International Gramsci Society Newsletter*, 10.

Hall, S. (1973/1980) 'Encoding/Decoding' in Centre for Contemporary Cultural Studies (ed.) *Culture, Media, Language: Working Papers in Cultural Studies, 1929–79*, London: Hutchinson.

Hall, S. (1988) *The Hard Road to Renewal: Thatcherism and the Crisis of the Left*, London: Verso.

________ (1990) 'Cultural Identity and Diaspora' in J. Rutherford (ed.) *Identity: Community, Culture, Difference*, London: Lawrence & Wishart.

________ (1996) 'Gramsci's Relevance for the Study of Race and Ethnicity' in D. Morley and K.-H. Chen (eds) *Stuart Hall: Critical Dialogues in Cultural Studies*, London: Routledge.

Hall, S. and Jefferson, T. (1976) *Resistance through Rituals: Youth Subcultures in Post-War Britain*, London: Hutchinson.

Hall, S., Critcher, C., Jefferson, T., Clarke, J. and Roberts, B. (1978) *Policing the Crisis: Mugging, the State, and Law and Order*, London: Macmillan.

Hebdige, D. (1979) *Subculture: The Meaning of Style*, London: Methuen.

________ (1988) *Hiding in the Light: on Images and Things*, London: Comedia.

Higson, A. (1995) *Waving the Flag: Constructing a National Cinema in Britain*, Oxford: Oxford University Press.

Hill, C. (1947) *Lenin and the Russian Revolution*, London: English Universities Press.

Hollows, J. (2002) *Feminism, Femininity and Popular Culture*, Manchester: Manchester University Press.

_________ (2003) 'Oliver's Twist: Leisure, Labour and Domestic Masculinity in The Naked Chef', *International Journal of Cultural Studies*, 6, 2.

Holst, J. (1999) 'The Affinities of Lenin and Gramsci: Implications for Radical Adult Education Theory and Practice', *International Journal of Lifelong Education*, 18, 5.

Holub, R. (1992) *Antonio Gramsci: Beyond Marxism and Postmodernism*, London: Routledge.

Howell, J. and Ingham, A. (2001) 'From Social Problem to Personal Issue: the Language of Lifestyle', *Cultural Studies*, 15, 2.

Hunt, L. (1997) *British Low Culture: From Safari Suits to Sexploitation*, London: Routledge.

_________ (1999) 'Dog Eat Dog' in S. Chibnall and R. Murphy (eds) *British Crime Cinema*, London: Routledge.

Hurd, G. (ed.) (1984) *National Fictions: World War Two in British Films and Television*, London: British Film Institute.

Hutton, W. (2004) 'Can We Trust our Officer Class?' *Observer*, 30 May.

Johnson, R., Chambers, D., Raghuram, P. and Tincknell, E. (2004) *The Practice of Cultural Studies*, London: SAGE.

Laclau, E. and Mouffe, C. (1985) *Hegemony and Socialist Strategy: Towards a Radical Democratic Politics*, London: Verso.

Landy, M. (1994) *Film, Politics and Gramsci*, Minneapolis: University of Minnesota Press.

Lawner, L. (1979) 'Introduction' in A. Gramsci (1979) *Letters from Prison by Antonio Gramsci*, London: Quartet.

Lee, M. (1993) *Consumer Culture Reborn: The Cultural Politics of Consumption*, London: Routledge.

Livingstone, S. and Lunt, P. (1994) Talk on Television, London: Routledge.

Lo Piparo, F. (1979) *Lingua, Intellettuali, Egemonia in Gramsci*, Bari: Laterza.

Logan, S. (2002) 'Everyone in Leather: Work and Play in the Corporate Culture of The Gap', *Critical Sense*, X, 1. Available at http://criticalsense.berkeley.edu/. Accessed 25 August 2005.

Machiavelli, N. (1988) *The Prince*, Cambridge: Cambridge University Press.

McRobbie, A. (1991) 'New Times in Cultural Studies', *New Formations*, 13.

Marx, K. (1977) *Karl Marx: Selected Writings*, ed. D. McLellan, Oxford: Oxford University Press.

Mercer, C. (1984) 'Generating Consent', Ten.8, 18.

Moores, S. (2000) *Media and Everyday Life in Modern Society*, Edinburgh: Edinburgh University Press.

Morley, D. (1980) *'The "Nationwide" Audience: Structure and Decoding*, London: British Film Institute.

_________ (1986) *Family Television: Cultural Power and Domestic Leisure*, London: Comedia.

_________ (1992) *Television, Audiences and Cultural Studies*, London: Routledge.

Morton, A. (1999) 'On Gramsci', *Politics*, 19, 1.

Moss, S. (2004) 'Labour MP Gets Set to Fight St. George's Corner', *Guardian*, 23 April.

Nixon, S. (1997) 'Circulating Culture' in P. du Gay (ed.) *Production of Culture/Cultures of Production*, London: SAGE.

O'Shea, Alan (1996) 'English Subjects of Modernity' in M. Nava and A. O'Shea (eds) *Modern Times: Reflections on a Century of English Modernity*, London: Routledge.

Poulantzas, N. (1978) *Political Power and Social Classes*, London: Verso.

Probyn, E. (2000) *Carnal Appetites: Foodsexidentities*, London: Routledge.

Ransome, P. (1992) *Antonio Gramsci: A New Introduction*, Hemel Hempstead: Harvester Wheatsheaf.

Ritzer, G. (1993) *The McDonaldization of Society*, London: SAGE.

Robinson, J. (2005) 'Reality Bites for the BBC', *Observer*, 6 March.

Rose, T. (1994) *Black Noise: Rap Music and Black Culture in Contemporary America*, Hanover: Wesleyan University Press.

Ross, A. (1989) *No Respect: Intellectuals and Popular Culture*, London: Routledge.

_________ (1995) 'The Great White Dude' in M. Berger, B. Wallis and S. Watson (eds) *Constructing Masculinity*, London: Routledge.

Salaman, G. (1997) 'Culturing Production', in P. du Gay (ed.) *Production of Culture/Cultures of Production*, London: SAGE.

Sassoon, A. Showstack (ed. 1982) *Approaches to Gramsci*, London: Writers and Readers.

_________ (1999) *Gramsci and Contemporary Politics*, London: Routledge.

Simon, R. (1982) *Gramsci's Political Thought: An Introduction*, London: Lawrence & Wishart.

Skeggs, B. (1992) 'Paul Willis, Learning to Labour' in M. Barker and A. Beezer (eds) *Reading Into Cultural Studies*, London: Routledge.

Stabile, C. (2001) Conspiracy or Consensus? Reconsidering the Moral Panic', *Journal of Communication Inquiry*, 25, 3.

Strinati, D. (1995) *An Introduction to Theories of Popular Culture*, London: Routledge.

Texier, J. (1979) 'Gramsci, Theoretician of the Superstructures' in C. Mouffe (ed.) *Gramsci and Marxist Theory*, London: Routledge.

Thompson, K. (ed.) (1997) *Media and Cultural Regulation*, London: SAGE.

Urbinati, N. (1998) 'The Souths of Antonio Gramsci and the Concept of Hegemony' in J. Schneider (ed.) *Italy's 'Southern Question': Orientalism in One Country*, Oxford: Berg.

Wiener, M. (1981) *English Culture and the Decline of the Industrial Spirit, 1850–*

1980, Cambridge: Cambridge University Press.

Williams, R. (1980) *Problems in Materialism and Culture*, London: Verso.

Williamson, J. (1991) '"Up Where You Belong": Hollywood images of big business in the 1980s', in J. Corner and S. Harvey (eds) *Enterprise and Heritage: Crosscurrents of National Culture*, London: Routledge.

Willis, A. (1995) 'Cultural Studies and Popular Film' in J. Hollows and M. Jancovich (eds) *Approaches to Popular Film*, Manchester: Manchester University Press.

Willis, P. (1977) *Learning to Labour: How Working Class Kids Get Working Class Jobs*, Farnborough: Saxon House.

Wilmott, H. (1997) 'Symptoms of Resistance' in P. du Gay (ed.) *Production of Culture/Cultures of Production*, London: SAGE.

찾아보기

ㅁ

ㅂ

ㅇ

ㅈ

안토니오 그람시 비범한 헤게모니

2022년 9월 25일 초판 1쇄 발행

지은이 | 스티브 존스
옮긴이 | 최영석
펴낸이 | 노경인·김주영

펴낸곳 | 도서출판 앨피
출판등록 | 2004년 11월 23일 제2011-000087호

주소 | (07275) 서울시 영등포구 영등포로 5길 19(37-1 동아프라임밸리) 1202-1호
전화 | 02-336-2776 팩스 | 0505-115-0525
전자우편 | lpbook12@naver.com

ISBN 979-11-93647-02-9 04160